Mario Botta
Centre Dürrenmatt Neuchâtel

Mario Botta
Centre Dürrenmatt Neuchâtel

Herausgegeben von / Edité par Peter Edwin Erismann
Schweizerisches Literaturarchiv / Archives littéraires suisses

Mit Beiträgen von / Avec des contributions de
Friedrich Dürrenmatt, Mario Botta/Roman Hollenstein und/et
Charlotte Kerr Dürrenmatt

Fotografien von / Photographies de
Thomas Flechtner

Birkhäuser – Verlag für Architektur
Basel · Boston · Berlin

Diese Publikation erscheint zur Eröffnung des Centre Dürrenmatt Neuchâtel am 23. September 2000 in zwei je zweisprachigen Ausgaben deutsch/französisch
(ISBN 3-7643-6312-6)
und englisch/italienisch
(ISBN 3-7643-6313-4).

Cette publication paraît à l'occasion de l'inauguration du Centre Dürrenmatt Neuchâtel, le 23 septembre 2000, en deux versions bilingues: allemand/français
(ISBN 3-7643-6312-6)
et anglais/italien
(ISBN 3-7643-6313-4).

Verlag und Herausgeber danken der Eidgenössischen Projektkommission Centre Dürrenmatt Neuchâtel für die finanzielle Unterstützung.

L'éditeur et le rédacteur remercient vivement le Groupe opérationnel de la Confédération pour le Centre Dürrenmatt Neuchâtel de son soutien financier.

Konzept und Redaktion/projet et rédaction: Peter Edwin Erismann
Gestaltung/graphisme:
Integral Lars Müller, Baden
Übersetzung/traduction Dürrenmatt:
Etienne Barilier
Übersetzungen aus dem Französischen ins Deutsche/traductions du français en allemand:
Heidi Temnewo-Mori
Übersetzungen aus dem Deutschen ins Französische/traductions de l'allemand en français: Natascha Muther Devaud, Gilles Cuenat
Übersetzung aus dem Italienischen ins Französisch/traduction de l'italien en français: Gilles Cuenat
Übersetzung aus dem Italienischen ins Deutsche/traduction de l'italien en allemand: Maja Im Hof, SRG SSR
Mitarbeit Architekturteil/collaboration partie architecture: Mario Botta, Paola Pellandini, Danilo Soldini, Studio Botta, Lugano
Redaktionelle Mitarbeit/collaboration rédactionnelle: Mario Botta, Bettina Hahnloser

A CIP catalogue record for this book is available from the Library of Congress, Washington D.C., USA.

Die Deutsche Bibliothek – CIP-Einheitsaufnahme

Mario Botta, Centre Dürrenmatt Neuchâtel/hrsg. von Peter Edwin Erismann. Mit Beitr. von Friedrich Dürrenmatt ... Fotogr. von Thomas Flechtner. [Übers.: Etienne Barilier ...].– Basel; Boston; Berlin: Birkhäuser, 2000
Engl.-ital. Ausg. u.d.T.: Mario Botta, Centre Dürrenmatt Neuchâtel
ISBN 3-7643-6312-6

Dieses Werk ist urheberrechtlich geschützt. Die dadurch begründeten Rechte, insbesondere die der Übersetzung, des Nachdrucks, des Vortrags, der Entnahme von Abbildungen und Tabellen, der Funksendung, der Mikroverfilmung oder der Vervielfältigung auf anderen Wegen und der Speicherung in Datenverarbeitungsanlagen, bleiben, auch bei nur auszugsweiser Verwertung, vorbehalten. Eine Vervielfältigung dieses Werkes oder von Teilen dieses Werkes ist auch im Einzelfall nur in den Grenzen der gesetzlichen Bestimmungen des Urheberrechtsgesetzes in der jeweils geltenden Fassung zulässig. Sie ist grundsätzlich vergütungspflichtig. Zuwiderhandlungen unterliegen den Strafbestimmungen des Urheberrechts.

Für den Text/pour le texte *Vallon de l'Ermitage* von Friedrich Dürrenmatt: Aus: Friedrich Dürrenmatt, *Versuche/Kants Hoffnung. Essays und Reden*
© 1986 by Diogenes Verlag AG Zürich

© 2000 Birkhäuser – Verlag für Architektur, Postfach 133, CH-4010 Basel, Schweiz
Printed on acid-free paper produced of chlorine-free pulp. TCF ∞

Printed in Italy

ISBN 3-7643-6312-6

6	**Eine offene Tür zu Dürrenmatts Werk** Kaspar Villiger		7	**Un Centre pour découvrir l'œuvre et l'univers de Dürrenmatt** Kaspar Villiger
8	**Einleitung** Peter Edwin Erismann		11	**Introduction** Peter Edwin Erismann
14	**Friedrich Dürrenmatt: Lebensdaten**		39 68 108	**Photographies** Thomas Flechtner
17	**Vallon de l'Ermitage** Friedrich Dürrenmatt		44	**Friedrich Dürrenmatt: repères biographiques**
39 68 108	**Fotografien** Thomas Flechtner		46	**Vallon de l'Ermitage** Friedrich Dürrenmatt
78	**Ein Turm und ein Bauch** **Interview mit Mario Botta** Roman Hollenstein		79	**Une tour et un ventre** **Un entretien avec Mario Botta** Roman Hollenstein
90	**Zeichnungen und Skizzen** Mario Botta		90	**Dessins et esquisses** Mario Botta
100	**Centre Dürrenmatt, Neuchâtel**		101	**Centre Dürrenmatt, Neuchâtel**
144	**Ein Baum fliegt!** Charlotte Kerr Dürrenmatt		151	**Un arbre vole!** Charlotte Kerr Dürrenmatt
157	**Ein Werk wie kein anderes** Stephan Stadler		158	**Une œuvre à nulle autre pareille** Stephan Stadler
160	**Tribut an einen Rebellen – ohne Besitzanspruch** Blaise Duport		161	**Rendre hommage à un rebelle sans le récupérer** Blaise Duport
162	**Paradox** Thierry Béguin		163	**Paradoxe** Thierry Béguin
164	**Das Centre Dürrenmatt – Ein Spezialauftrag** Laurent Gioria		166	**Le Centre Dürrenmatt – Mission spéciale** Laurent Gioria
	Partner und Sponsoren			**Partenaires et sponsors**

Eine offene Tür zu Dürrenmatts Werk

Die Malerei war für Friedrich Dürrenmatt «eine Ergänzung zur Schriftstellerei». Zudem war es der letzte Wunsch des am 14. Dezember 1990 in Neuenburg verstorbenen, grossen Autors, dass sein bildnerisches Werk der Öffentlichkeit zugänglich gemacht werde. Seinen literarischen Nachlass hat Dürrenmatt schon zu Lebzeiten der Schweizerischen Eidgenossenschaft vermacht. 1998 hat die Friedrich Dürrenmatt-Stiftung auch die Bilder und Zeichnungen aus dem Nachlass des Autors dem Bund geschenkt. Auf Initiative von Frau Charlotte Kerr Dürrenmatt sowie aufgrund von Vorstössen im eidgenössischen und neuenburgischen Parlament hat die Eidgenossenschaft vom Tessiner Architekten Mario Botta ein Projekt für ein Ausstellungs- und Forschungszentrum auf Dürrenmatts Anwesen in Neuenburg projektieren lassen. Dieses öffnet nach einer dreijährigen Planungs- und Bauphase seine Türen.

Das Centre Dürrenmatt ist kein Museum, sondern ein Ort der Begegnung, der Forschung und der kritischen Auseinandersetzung mit dem Nachlass eines manchmal politisch unbequemen Universalgenies. Das Zentrum soll sich insbesondere als Stätte der kulturellen Zusammenarbeit unter den Sprachregionen anbieten. Die breitgefächerten Interessen des Autors, der sich unter anderem mit der Philosophie, der Relativitätstheorie Einsteins, der Malerei Varlins, der Astronomie und der Politik im In- und Ausland auseinandergesetzt hat, ermöglichen ein abwechslungsreiches Angebot an Veranstaltungen, welche unter Einbezug des bildnerischen Werkes neue Horizonte im Dürrenmatt'schem Universum erschliessen.

Friedrich Dürrenmatt hat über seine Bilder und Zeichnungen gesagt, sie seien nicht einfach Nebenarbeiten zur Literatur, «sondern die gezeichneten und gemalten Schlachtfelder, auf denen sich meine schriftstellerischen Kämpfe, Abenteuer, Experimente und Niederlagen abspielen». Geöffnet wird also nicht nur die Türe zu einer Kulturinstitution, sondern auch die Türe für das Kennenlernen und Verstehen des Gesamtwerks von Friedrich Dürrenmatt.

Kaspar Villiger, Bundesrat, Chef des Eidg. Finanzdepartementes

Un Centre pour découvrir l'œuvre et l'univers de Dürrenmatt

Pour Friedrich Dürrenmatt, décédé le 14 décembre 1990 à Neuchâtel, la peinture et l'écriture étaient deux activités complémentaires. Selon les dernières volontés du célèbre auteur, qui avait fait don de son œuvre littéraire à la Confédération suisse de son vivant déjà, le public devait également avoir accès à son œuvre picturale. En 1998, la Fondation Friedrich Dürrenmatt décide de léguer à la Confédération les tableaux et les dessins provenant de la succession de l'écrivain. A l'initiative de Charlotte Kerr Dürrenmatt, son épouse, et à la suite de plusieurs interventions de députés aux Chambres fédérales et au Parlement neuchâtelois, la Confédération confie à l'architecte tessinois Mario Botta le soin de concevoir un centre d'exposition et de recherche sur la propriété que Dürrenmatt avait achetée au-dessus de Neuchâtel. Le Centre Dürrenmatt ouvre aujourd'hui ses portes après trois années de travaux.

Le Centre Dürrenmatt n'est pas un musée mais un lieu de rencontre, de recherche et de réflexion critique sur les archives d'un génie universel parfois incommode sur le plan politique. La vocation première du Centre est de permettre des échanges culturels suprarégionaux. Dürrenmatt avait de multiples centres d'intérêts, qui allaient de la théorie de la relativité d'Einstein ou de l'astronomie à la peinture de Varlin, en passant par la politique suisse et étrangère. Les manifestations organisées par le Centre seront le reflet de ce large éventail de thèmes et feront découvrir, œuvres picturales à l'appui, de nouvelles facettes de l'univers de l'écrivain.

Friedrich Dürrenmatt a dit de ses tableaux et de ses dessins qu'ils n'étaient pas simplement des produits accessoires à son activité d'écrivain, « mais les champs de bataille où se traçaient, avec le crayon et le pinceau, ses combats, ses aventures, ses expériences et ses défaites littéraires ». L'inauguration du Centre Dürrenmatt ne marque pas seulement l'ouverture des portes d'une institution culturelle, mais aussi l'ouverture d'une fenêtre sur l'œuvre et l'univers de Friedrich Dürrenmatt.

Kaspar Villiger, conseiller fédéral et chef du Département fédéral des finances

(Traduction : Natascha Muther Devaud)

Einleitung

In seinem autobiographischen Text *Vallon de l'Ermitage* beschreibt Friedrich Dürrenmatt, wie er in den achtziger Jahren in Neuchâtel mit einer Gruppe von Unternehmern, Architekten, Ingenieuren, Stadtangestellten und weiteren Anwohnern des Vallon de l'Ermitage zu einem möglichen Standort geführt wird, wo der Entlüftungskamin eines geplanten Autobahntunnels, welcher die Stadt Neuchâtel vom Durchgangsverkehr entlasten würde, dereinst aus dem Berg herausragen sollte. Der Ort, ein stillgelegter Steinbruch, befindet sich in direkter Luftlinie fünfhundert Meter oberhalb der beiden Häuser, die Dürrenmatt seit den frühen fünfziger Jahren bewohnte. Er hatte diesen Ort bis zu diesem Zeitpunkt nicht gekannt. Als die Gruppe zur Besichtigung dort eintrifft wird auf einer nachträglich gebauten Betonrampe gerade ein Tankwagen der Stadt von seiner Gülle entleert: der Steinbruch diente als Abfalldeponie von Neuchâtel, gelegen an idyllischster Lage mit Blick über den See Richtung Westen bis nach Yverdon: «Eine merkwürdige Andacht hatte sich über die Männer gesenkt. Der Anblick war allen genierlich.»

Dürrenmatt hat diesen Ort später immer wieder aufgesucht, weil er ihn an seine Jugend im Emmental erinnerte, wo er als Kind oft in einer Abfallgrube gespielt hatte, und weil ihm an diesem Ort seltsamerweise bewusst wurde, wo er sich eigentlich (mehr aus Zufall) angesiedelt hatte: «Und wie ich nun da stand, zum erstenmal, am Rand dieses verlorenen Kraters, (…) hineingesenkt in den Wald über meiner Wohn- und Arbeitsstätte, wusste ich erst, ein Vierteljahrhundert nachdem es mich in diese Gegend verschlagen hatte, an diesen See und über diese Stadt, wo ich eigentlich lebe.»

Es gibt im Text *Vallon de l'Ermitage* aber auch andere Bilder, welche die Bedeutung seines Wohn- und Arbeitsortes in Neuchâtel für Dürrenmatt zentral machen: «Ich ging durch den (…) Garten, blickte das Vallon hinunter, der See glänzte wie ein gewaltiger Spiegel herauf, ich sah alles wie zum ersten Mal, ich war im Weiten, nicht mehr wie einst in den Labyrinthen und Höhlen meiner Jugend, wo mich das Emmental mit seinen Tannwäldern umfing.» Daneben hat er in Gesprächen in für ihn typischer Art, verschiedene Versionen seiner Motivation, nach Neuchâtel zu ziehen, wiedergeben: unter anderem, dass es dort einen Bahnhof habe, oder weil er Neuchâtel germanisieren wolle. Tatsache war aber, dass er für seine Familie ein Zuhause benötigte und einen Ort suchte, um in äusserer Ruhe und innerer Unruhe sein Werk zu schaffen.

Dass dieser numinose und vieldeutige Ort mit den zwei Häusern, dem Atelier und dem labyrinthartig angelegten Garten auch nach dem Tod Dürrenmatts 1990 erhalten bliebe und Schauplatz kritischer Auseinandersetzung mit dem Werk des Schriftstellers und Malers sein sollte, war Wunsch und Idee von Charlotte Kerr, der zweiten Ehefrau Dürrenmatts. Der literarische Nachlass, ein Geschenk des Schriftstellers zu Lebzeiten an die Eidgenossenschaft, führte zur Gründung des Schweizerischen Literaturarchivs in Bern. Für das umfangreiche bildnerische Werk, das von Anfang an neben dem sprachlichen Schaffen entstanden ist und in dieser Form von Dürrenmatt ein Leben lang durchgehalten worden ist, sollte ein adäquater Ort der Vermittlung geschaffen werden. Dass das bildnerische Werk Dürrenmatts seine Evidenz vor allem durch die vielschichtigen Bezüge zum literarischen Werk bekommt und gleichwohl eine eigene Ausdrucksprache entwickelt hat (die sich vor allem in der Technik der Federzeichnungen aber auch in den humoristischen Karikaturen bestätigt), war Ausgangspunkt für die «Betriebs-Idee» des Schweizerischen Literaturarchivs für eine neue Institution: das Centre Dürrenmatt Neuchâtel.

Mario Botta, von Charlotte Kerr Dürrenmatt angefragt, hat sich als erfolgreicher Architekt und «Meister der kleinen Projekte» (Roman Hollenstein) intensiv mit der Sprache des Ortes auseinandergesetzt und setzte zum ersten bestehenden Wohnhaus einen neuen Baukörper aus anthrazitfarbenem Schieferstein hinzu, welcher durch eine horizontale Bewegung in Form eines aus dem Berg herausragenden Rundbaus, einem grossen Bauch nicht unähnlich, und durch eine vertikale Bewegung in Form eines kleinen Turmes, welcher der Erschliessung dient, charakterisiert wird. Das Dach des «Bauches» ist dabei gleichzeitig auch Terrasse und gibt jenen überwältigenden Blick über den See in die Weite frei. Der Innenraum ist grösstenteils unterirdisch und dient als Ausstellungs- und Veranstaltungszone. Die Lichtführung des Turmes erfolgt durch Oberlichter, die Tageslicht in die Tiefe bringen, der Rundbau wird ebenfalls durch einen Kranz von Oberlichtern mit natürlichem Licht versorgt. Das bestehende Wohnhaus beherbergt die Büros, Gästezimmer, Serviceräume, die Bibliothek und eine kleine Cafeteria mit angeschlossenem Buchladen.

Die ersten Skizzen und Zeichnungen Bottas datieren von 1992 und machen sehr früh die Idee seiner Intervention am Ort deutlich, obschon im Verlauf der vier Jahre bis zur Realisierungsphase (für den Architekten typisch) weitere Ideen und Projekte entstanden sind. Obwohl vom Bauvolumen her eher klein, bedeutete das Projekt für Mario Botta, wie er selbst sagt, eine grosse Herausforderung, weil er das Thema des Centre Dürrenmatt quasi «miterfunden» hat. Es ging ihm nicht darum, ein Museum oder gar ein Mausoleum zu bauen, sondern einen subjektiven Raum zu schaffen, der Dürrenmatt gewidmet ist und eine lebendige Begegnung mit dem Werk des grossen Denkers ermöglichen sollte: «Un lieu de réflexion contre la banalisation.»

Das Projekt Centre Dürrenmatt Neuchâtel (und folgerichtig auch dieses Buch) bringt zwei grosse Künstler zusammen. Eine Art *literarisches Architekturbuch* oder *ein architektonisches Literaturbuch* sollte es werden. Diese Überlegungen führten auch zur Wahl des Fotografen Thomas Flechtner, der nicht zur Schule der reinen Architekturfotografen gezählt werden kann. Zwar interessieren ihn gebaute Strukturen, wie u.a. seine Arbeiten über die von Le Corbusier erbaute indische Stadt Chandigarh und über La Chaux-de-Fonds beweisen. Seine Bildersuche und die gefundenen Lösungen sind dabei jedoch nicht einer technischen und objektiv-beschreibenden, sondern einer poetischen und künstlerischen Sprache verpflichtet. Flechtner hat die Entstehung des Centre Dürrenmatt von Baubeginn an verfolgt, die baulichen Eingriffe in die Topographie in verschiedenen Stadien festgehalten und den fertigen Bau mit Aussen- und Innenaufnahmen interpretiert. Gleichzeitig ist der Fotograf auf Spurensuche nach Dürrenmatt gegangen und hat (zusammen mit dem Schreibenden) den damals geplanten Entlüftungskamin aufgesucht, der später nicht beim stillgelegten Steinbruch, sondern an einer Stelle zwischen dem Vallon de l'Ermitage und ersterem gebaut wurde. Nach einer etwas schwierigen Expedition fand sich auch jener Steinbruch wieder, welcher der Schriftsteller im Vallon de l'Ermitage so eindringlich beschreibt und der in ihm weitere Erinnerungen und Assoziationen wachgerufen hat (nachzulesen im Text *Vallon de l'Ermitage*). Der ehemalige Steinbruch ist heute auch als Deponie stillgelegt. Die grossartige Aussicht ist die gleiche geblieben. Über die Schlammfläche der einstigen Abfallgrube ist aber in der Zwischenzeit ein Feld aus Schilf gewachsen, das vom Wind sanft bewegt wird und ein Bild von absoluter Ruhe und Idylle vermittelt.

Peter Edwin Erismann, Ausstellungsmacher und Herausgeber, ist Projektleiter für den Betrieb des Centre Dürrenmatt und arbeitet in der Schweizerischen Landesbibliothek und im Literaturarchiv als Ausstellungsleiter.

Introduction

Dans son texte autobiographique *Vallon de l'Ermitage*, Friedrich Dürrenmatt décrit comment, dans les années quatre-vingt, il est conduit, à Neuchâtel, avec un groupe d'entrepreneurs, d'architectes, d'ingénieurs, d'agents municipaux et d'autres habitants du Vallon, à un endroit où l'on prévoyait de percer une cheminée d'aération pour un tunnel autoroutier censé désengorger le centre-ville de Neuchâtel du trafic de transit. Cet endroit, une carrière désaffectée dont il ignorait jusqu'à ce jour l'existence, se trouvait à 500 mètres à vol d'oiseau au-dessus des deux maisons qu'il habitait depuis le début des années cinquante. Alors que le groupe arrive à l'endroit en question, un camion-citerne de la ville déverse son lisier sur une rampe en béton : la carrière, située dans un site idyllique d'où l'on a une vue splendide sur le lac jusqu'à Yverdon, à l'ouest, était devenue la décharge de Neuchâtel. « Un singulier recueillement avait saisi les hommes. Pour tout le monde, ce spectacle était pénible. »

Par la suite, Dürrenmatt retournera régulièrement à cet endroit parce qu'il lui rappelle son enfance dans l'Emmental, où il jouait souvent dans une fosse à ordures. Mais aussi parce que cet endroit lui fit étrangement prendre conscience où il avait (un peu par hasard) élu domicile : « Et comme je me trouvais là, pour la première fois, au bord de ce cratère perdu, (…) enfoncé dans cette forêt, au-dessus de mes lieux de séjour et de travail, pour la première fois, un quart de siècle après avoir atterri dans ce coin, auprès de ce lac, au-dessus de cette ville, je compris où je vivais réellement. »

Le texte *Vallon de l'Ermitage* contient encore d'autres images qui illustrent bien l'importance toute particulière qu'avait pour l'écrivain son lieu de séjour et de travail à Neuchâtel : « Je traversai le jardin dégagé de ses vaches, regardai vers le fond du Vallon, le lac brillait à la façon d'un miroir immense, je le voyais comme pour la première fois, j'étais dans les grands espaces, et non plus comme jadis dans les labyrinthes et les cavernes de ma jeunesse, où me maintenaient l'Emmental et ses forêts de sapins. »

Dans des entretiens, Dürrenmatt a donné, comme à son habitude, encore d'autres raisons ayant motivé son déménagement à Neuchâtel : entre autres le fait qu'il était proche d'une gare ou qu'il voulait germaniser la ville. En réalité, il cherchait un lieu pour héberger sa famille et un endroit où il pouvait créer son œuvre dans un havre de tranquillité, qui contrastait singulièrement avec son agitation intérieure.

C'est à Charlotte Kerr, la seconde femme de Dürrenmatt, que l'on doit la préservation, après la mort de l'écrivain en 1990, de cet endroit ensorcelant et chargé de sens, qui abrite deux maisons, un atelier et un jardin aménagé en forme de labyrinthe, et sa transformation en un lieu de réflexion critique sur l'œuvre littéraire et picturale de l'auteur. En léguant de son vivant son fonds littéraire à la Confédération, Dürrenmatt fut à l'origine de la création des Archives littéraires suisses à Berne. Pour accueillir sa riche œuvre picturale, à laquelle il a travaillé en parallèle à son œuvre littéraire depuis le début, il fallait créer un lieu d'exposition adéquat. L'œuvre picturale, même si elle a développé un mode d'expression propre (comme en attestent surtout la technique des dessins à la plume et les caricatures humoristiques), vit avant tout grâce aux diverses références à l'œuvre littéraire. C'est cette interdépendance qui a finalement servi de point de départ aux Archives littéraires suisses pour la création d'une nouvelle institution : le Centre Dürrenmatt Neuchâtel.

A la demande de Charlotte Kerr Dürrenmatt, le célèbre architecte Mario Botta, qualifié par Roman Hollenstein de « maître des petites architectures », a étudié le langage du lieu avant de construire, à côté de la première habitation, un bâtiment en ardoise de couleur anthracite, qui se caractérise, dans l'axe horizontal, par une construction à dimension circulaire d'une envergure de quarante mètres sortant de la montagne (qui n'est pas sans rappeler un gros ventre) et, dans l'axe vertical, par une tourelle, qui sert de zone d'accès. Le toit de la construction circulaire sert aussi de terrasse et offre une vue imprenable sur le lac. La majeure partie intérieure, qui sert d'espace d'exposition et de zone de manifestations, est souterraine. La tourelle est éclairée par des ouvertures zénithale, qui permettent à la lumière du jour de pénétrer dans la profondeur. Le bâtiment circulaire bénéficie lui aussi d'une lumière zénithale grâce à une série d'ouvertures aménagées selon une disposition radiale. La maison de Dürrenmatt abrite les bureaux, les chambres d'hôtes, les locaux de service, la bibliothèque et une petite cafétéria, flanquée d'une librairie.

Les premières esquisses de Botta datent de 1992. On y découvre déjà très clairement son projet, même si au cours des quatre années qui ont précédé la réalisation il y a eu d'autres idées, ce qui correspond à la façon de travailler de l'architecte. Bien que pour Botta il s'agisse d'un projet plutôt modeste, il représente pour lui, comme il le dit lui-même, un défi de taille, puisqu'il a quasiment « co-inventé » le thème du Centre Dürrenmatt. Il ne désirait pas bâtir un musée ou ériger un mausolée, mais créer un espace subjectif, qui serait consacré à Dürrenmatt et qui permettrait des rencontres vivantes avec l'œuvre du grand penseur : « Un lieu de réflexion contre la banalisation ».

Le projet du Centre Dürrenmatt Neuchâtel et le présent livre ont permis la rencontre de deux grands artistes. Désirant réaliser un ouvrage mariant architecture et littérature, nous avons choisi le photographe Thomas Flechtner pour l'illustrer. Cet artiste n'est pas un représentant de l'école des photographes d'architecture par excellence, bien qu'il s'intéresse à des constructions, comme en attestent entre autres ses travaux sur la ville de Chandigarh du Corbusier en Inde et sur La Chaux-de-Fonds. Sa recherche d'images et les solutions auxquelles il aboutit ne participent pas d'un langage technique, descriptif et objectif, mais procèdent d'un langage poétique et artistique. Thomas Flechtner a suivi la réalisation du Centre Dürrenmatt dès le premier coup de pioche, a fixé sur clichés les interventions dans la topographie du lieu durant les différentes phases d'avancement des travaux et a donné une interprétation de l'édifice en le photographiant de l'intérieur et de l'extérieur.

Le photographe a aussi retrouvé les traces de Dürrenmatt et a cherché (avec l'auteur de la présente introduction) la cheminée d'aération, qui ne fut finalement pas construite près de la carrière désaffectée mais entre celle-ci et le Vallon de l'Ermitage. Après une expédition quelque peu périlleuse, nous sommes tombés sur la carrière que l'écrivain décrit avec force détails dans le *Vallon de l'Ermitage* et qui a éveillé en lui d'autres souvenirs et associations (voir à ce propos le texte *Vallon de l'Ermitage*). Aujourd'hui, la décharge qui se trouvait dans cette ancienne carrière a été fermée. Ce qui reste, en revanche, c'est la vue grandiose sur le lac. Sur la surface de boue qui recouvrait jadis la décharge poussent aujourd'hui des roseaux bercés dans le vent, qui donnent à ce lieu idyllique une impression de tranquillité absolue.

Peter Edwin Erismann, concepteur d'exposition et éditeur, est responsable du projet d'exploitation du Centre Dürrenmatt Neuchâtel et des expositions à la Bibliothèque nationale suisse et aux Archives littéraires suisses, à Berne.

(Traduction : Natascha Muther Devaud)

Friedrich Dürrenmatt: Lebensdaten

1921 5. Januar: Geboren in Konolfingen (Kanton Bern) als ältester Sohn des protestantischen Pfarrers Reinhold Dürrenmatt und seiner Frau Hulda, geb. Zimmermann.
1935 Umzug der Familie nach Bern.
1937 Juli/August: Reise mit dem Fahrrad nach Deutschland (München, Nürnberg, Weimar, Frankfurt).
1941 Herbst: Maturitätsprüfung (Alte Sprachen). Beginn des Studiums in Bern, u.a. Deutsche Literatur. Erste schriftstellerische Versuche, malt und zeichnet zugleich.
1942 Juli: Rekrutenschule; aus gesundheitlichen Gründen entlassen und in den militärischen Hilfsdienst versetzt; Einsätze im Hilfsdienst 1944/45 in Interlaken und in La Plaine bei Genf.
1942/43 Zwei Semester Studium in Zürich, hält sich vor allem im Kreis um den Maler Walter Jonas auf.
1943–46 Fortsetzung des Studiums in Bern, v.a. Philosophie. Plan zu einer Dissertation über «Kierkegaard und das Tragische».
1946 Dürrenmatt bricht das Studium ab und beschliesst, Schriftsteller zu werden. 11. Oktober: Heirat mit der Schauspielerin Lotti Geissler. Im November Übersiedlung nach Basel.
1947 Die Uraufführung des ersten Stücks *Es steht geschrieben* am Schauspielhaus Zürich (19.4.) bewirkt einen Theaterskandal. Geburt des Sohns Peter.
1948 Umzug nach Ligerz am Bielersee.
1949 Geburt der Tochter Barbara.
1951 Geburt der Tochter Ruth. Die Kriminalromane, *Der Richter und sein Henker* und *Der Verdacht*, die Dürrenmatt für den «Schweizerischen Beobachter» schreibt, und die Hörspiele, v.a. für deutsche Rundfunkanstalten, sind in der ersten Hälfte der 50er Jahre Dürrenmatts wichtigste Einnahmequelle.
1952 Umzug ins eigene Haus nach Neuchâtel, ins Vallon de l'Ermitage (bleibt Wohnsitz bis zum Lebensende; im Lauf der Jahre werden zwei Häuser hinzugebaut). Mit *Die Ehe des Herrn Mississippi* gelingt Dürrenmatt der Durchbruch in Deutschland.

1956 Mit *Der Besuch der alten Dame* wird Dürrenmatt zum weltberühmten Autor. In den folgenden Jahren reist er zu Aufführungen seiner Stücke in ganz Europa.
1957 Hörspielpreis der Kriegsblinden für *Die Panne*.
1958 Prix Italia. Der Film *Es geschah am hellichten Tag* nach Dürrenmatts Drehbuch und der Roman *Das Versprechen* erscheinen.
1959 April/Mai: Reise nach New York. Kuraufenthalt in Vulpera. Schillerpreis.
1960 Grosser Preis der Schweizerischen Schillerstiftung.
1962/63 Mit den *Physikern* wird Dürrenmatt zum meistgespielten Autor auf deutschen Bühnen.
1964 Januar/Februar: Reise nach Spanien und Marokko. Juni: Reise in die UdSSR und nach Prag.
1967 Reise nach Moskau zum 4. Sowjetischen Schriftstellerkongress.
1968/69 Kodirektion mit Werner Düggelin an den Basler Theatern. Grillparzer-Preis. Dramenbearbeitungen nach Shakespeare und Strindberg.
1969 Nach Differenzen und einem Herzinfarkt verlässt Dürrenmatt das Basler Theater. Während eines Kuraufenthalts in Vulpera Beginn der Arbeit an *Stoffe - Die Geschichte meiner Schriftstellerei*. Reisen in die USA, nach Mexiko und in die Karibik. Mitherausgeber der neuen Zürcher Wochenzeitung «Sonntags-Journal» (bis 1971). Grosser Literaturpreis des Kantons Bern.
1971 Nach über 10 Jahren, in denen sich Dürrenmatt ausschliesslich der Dramatik widmete, erscheint wieder eine Erzählung: *Der Sturz*.
1972 Lehnt Berufung zum Direktor des Zürcher Schauspielhauses ab.
1973 Der Misserfolg der Komödie *Der Mitmacher* führt zu vermehrter Beschäftigung mit Prosatexten.
1974 Reise nach Israel auf Einladung der israelischen Regierung.
1975 Schwere Krankheit, längerer Spitalaufenthalt.
1976 Dürrenmatt zeigt erstmals öffentlich seine Bilder im «Hôtel du Rocher» in Neuchâtel.
1977 Buber-Rosenzweig-Medaille. Ehrendoktorate der Universitäten Nizza und Jerusalem.

1979 Grosser Literaturpreis der Stadt Bern.
1980 Werkausgabe in 29 Bänden erscheint gebunden im Arche-Verlag, als Taschenbuch im Diogenes-Verlag. Neufassungen der meisten Stücke. Wechsel vom Arche- zum Diogenes-Verlag.
1981 Ehrendoktor der Universität Neuchâtel. März–Juni: «Writer in Residence» an der University of Southern California, Los Angeles. *Stoffe I-III* erscheinen.
1983 Tod von Frau Lotti. Reisen nach Griechenland und Südamerika. Ehrendoktor der Universität Zürich.
1984 Heirat mit der Filmemacherin, Schauspielerin und Journalistin Charlotte Kerr. Carl-Zuckmayer-Medaille. Österreichischer Staatspreis für europäische Literatur.
1985 Reisen nach Ägypten, Griechenland, Andalusien. Jean-Paul-Preis. Vollendung des um 1960 begonnenen Romans *Justiz*.
1986 Georg-Büchner-Preis. Reise nach Sizilien (Premio Letterario Internationale Mondello). Ehrenpreis des Schiller-Gedächtnispreises des Landes Baden-Württemberg.
1987 Friedensforum in Moskau. Reisen in die Türkei, nach Italien und Spanien.
1988 Prix Alexei Tolstoï. Dürrenmatts letzte Theaterarbeit: Inszenierung von *Achterloo IV* in Schwetzingen/Deutschland.
1989 Vermacht seinen gesamten literarischen Nachlass der Schweizerischen Eidgenossenschaft. Ernst-Robert-Curtius-Preis. Der Roman *Durcheinandertal* erscheint.
1990 Mai/Juni: Reise nach Polen (Warschau, Krakau), Besuch von Auschwitz und Birkenau. Publikation von *Turmbau: Stoffe IV-IX*.
14. Dezember: Tod Dürrenmatts in Neuchâtel.

Photo: Edouard Rieben

Vallon de l'Ermitage
1980/83 (1964–1987)

Friedrich Dürrenmatt

Je mehr die Zeit fortschreitet, desto dichter spinnt sie ihr Netz, worin sie uns verstrickt: Schon das erste Mädchen, in das ich mich verliebte, kam aus Neuchâtel. Es hiess Claudine, oder vielleicht ganz anders, und war schön. Ich war erst acht, oder gar nur sieben, und meine Liebe wurde nicht erwidert. Ich ärgerte mich über mein Alter, und so ist es eigentlich nur dieser Ärger, an den ich mich erinnere, mehr als an den Gegenstand meiner Liebe, der siebzehn, achtzehn oder schon zwanzig und eine junge Frau war. Sie weilte bei uns in den Ferien, sie war weiss gekleidet und sass in unserem Garten an einem Tisch und las. Der Tisch stand vor einer Tanne, in der ich herumkletterte, gierig nach Einsichten. Nach Neuchâtel selbst kam ich erst im Juni 1940, die Deutschen überrannten Frankreich. Ich radelte von Bern her und musste nach La Tourne, oberhalb Rochefort, zu einem Pfarrer mit vielen Kindern, mein Französisch aufzubessern; es ist mir noch jetzt nicht gelungen. Die Strasse Bern – Neuchâtel ist, ausser dass sie verbreitert wurde, im wesentlichen unverändert geblieben (nimmt man nicht die Autobahn nach Murten), auch wenn neben der alten Holzbrücke in Gümmenen nun eine neue steht, in Gurbrü die Kurven nicht mehr vorhanden sind und in der Ebene nach Kerzers die Pappelallee längst gefällt ist. Nicht auffindbar ist auch die alte Strasse von der Ziehl nach St-Blaise, sie führte in meiner Erinnerung an einem langgestreckten Gemäuer vorbei und war sehr schmal. Von Neuchâtel selbst, wie es damals war, ist mir der Eindruck einer endlosen Strasse geblieben, die aufwärts führte, es muss die Rue de l'Ecluse gewesen sein, die sich zwischen dem Schlossfelsen und dem Jurasüdfuss entlang hinaufzwängt, Peseux und Corcelles entgegen. Die Mittagshitze war gross, als ich das Rad die Steigung hinaufschob, die letzten Häuser von Corcelles stehen noch heute. Dass ich zwölf Jahre später nach Neuchâtel kommen sollte, ahnte ich nicht. Dabei hätte mich meine Herkunft mütterlicherseits misstrauisch machen sollen, aber um sie habe ich mich nie sonderlich gekümmert, sie war allzu kompliziert, so dass ich erst jüngst von meiner neunzigjährigen Tante vernahm, von der Schwester meiner Mutter, dass meine Grossmutter, die meinen Grossvater, einen Witwer mit Kindern, als Witwe mit Kindern geheiratet hatte, aus Neuchâtel gekommen sei, wohin sie mit ihren zwei Schwestern verschlagen wurde, und dass ein Neffe meiner Grossmutter nach Niederländisch-Ostindien gezogen und dort Dirigent einer Militärkapelle geworden sei, doch habe seine künstlerische Laufbahn ein jähes Ende genommen, denn nachdem er beschlossen habe, von Heimweh überwältigt, nach Neuchâtel zurückzukehren, habe ihn nach seinem Abschiedskonzert in Bandung oder Surabaja oder sonst einer javanischen Stadt seine Frau, eine Eingeborene, vergiftet. Der Grossneffe wurde offenbar geliebt, und auf dem Umweg über meinen Urgrossvater und meine Urgrossmutter mütterlicherseits haben noch Gene, die schon bei ihm ihr Unwesen trieben, auch bei mir die Hände im Spiel, insofern es erlaubt ist, beim Gen von Händen zu reden, und es ist denkbar, dass sich, falls der Kapellmeister Kinder hatte, in Java noch andere der gemeinsamen Gene herumtummeln: Die Sage ist wie alle Sagen dunkel, auch mischt sich in die Vorgeschichte eine Familie d. P. hinein, was de Pury heissen könnte, wie meine Tante vermutet, besitzt sie doch noch Erbstücke mit diesen Initialen. Aber nicht nur ich bin irgendwie und irgendwo ein Neuenburger; an der Strasse Neuchâtel – Valangin liegt eine der Samenbanken des Landes. Grosse saubere Stallungen, ein Verwaltungsgebäude, das Wartezimmer für Gäste – insofern es Menschen sind – , wie beim Zahnarzt. Kataloge liegen herum. Draussen findet eine Bauernführung statt. Durch das Fenster dringen Urlaute: Die mächtigen Stiere trotten unter einem Dach in einem Oval herum, etwa dreissig, von einem Ring in ihren Nüstern führt eine Kette zu einem Laufband unter dem Dach. Und so trotten sie denn einen Stunde herum; werden sie befreit, führen die Stierenwärter sie in die Vorhalle. Die Vorrichtung mit dem 38° warmen Beutel sieht nicht einer Kuh ähnlich, doch der Stier nimmt sie für eine, der Beutel weist die Wärme einer Rindervagina auf, es geht sekundenschnell, hopp, das Reagenzglas unten am Beutel wird ausgewechselt, und schon springt der nächste Koloss, hopp, bis sich alle Stiere ergossen haben, während draussen weitere Stiere dumpf muhend im Oval unter dem Dach herumtrotten. Nach jedem Sprung wird das Reagenzglas mit der kostbaren Flüssigkeit durch ein Fenster in das Laboratorium gereicht. Geht es in der Vorhalle unter dem Kommando der Stierenwärter rüde und handfest zu, wie in einem technischen Bullenpuff, geradezu militärisch, so wird im Laboratorium eine andere Atmosphäre spürbar, es wird nicht nur wissenschaftlich-klinisch vorgegangen, sondern auch flink-weiblich, die Laborantinnen in weissen Kitteln beeindrucken: Sie beschriften die Reagenzgläser, tragen die Nummern in ein Protokoll ein, entnehmen dem männlichen Kraftstoff Proben, schieben die Glasplättchen mit der Spermaschicht unter das Mikroskop: ein schwänzelndes Gewimmel, die Träger der Gene, in denen die Eigenschaften vorprogrammiert sind, die der Katalog verspricht. 6,8 Milliarden Spermien enthält eine Ejakulation, die Laborantinnen prüfen, ob diese ergiebig genug gewesen sei, um verwendet werden zu können; war der Muni in Form, das Samenbild gut, geschieht nach der Probe alles vollautomatisch. Zur künstlichen Besamung sind 25 Millionen Spermien notwendig (ich zitiere aus dem Gedächtnis), um die 250 mögliche Rinder vermag so ein Stier mit einem Stoss in die künstliche Vagina zu produzieren. Wohlig liegen, während die Laborantinnen und Apparate noch arbeiten, die Stiere nach geleistetem Tagewerk in ihren riesigen Ställen, behutsam geht man an den kraftstrotzenden Kolossen vorüber, ihre Leistung stimmt andächtig. Die Ställe weisen denn auch etwas Nordisches, Walhalla-Ähnliches auf, hier lässt sich gut ruhen, man möchte sich zu den Helden legen. Nur abseits von den mächtigen Gebäuden steht ein kleiner Stall, gleichsam versteckt, mehr eine Hütte, da haust einer, den man nur bisweilen entsamt: ein brauner bärtiger Ziegenbock, urweltlich würdig, stinkend wie die Pest, gemieden und bewundert zugleich, eine Mischung von Pan und Teufel, ein Spermienproduzent, dem man aus einem Anflug von humaner Tierliebe, aus Verständnis zu seiner einsamen Einmaligkeit eine Ziege beigab, und wirklich, das Paar kommt mir wie Philemon und Baucis vor. Nicht weit von dieser Idylle wohnen wir nun seit etwas mehr als einem Vierteljahrhundert, oben in einem kleinen Tal über Neuchâtel, im Vallon de l'Ermitage, von einem Brief herbeigelockt, es sei ein Haus mit einer «eingebauten Bibliothek» zu verkaufen. Im Hause arbeitete noch der Schreiner, als wir einzogen, der elektrische Strom war noch nicht angeschlossen, und ich kochte in der Waschküche eine Suppe. Der Weg, der an unserem Haus vorbeiführt, steigt am Waldrand des Chaumont hinauf und verschwindet im Wald. Das kleine Tal wird von einem Felsrücken abgeschlossen, dem Rocher de l'Ermitage, der dem Tal den Namen gab. An seinem Fusse befinden sich mehrere flache Höhlen, besser: weite Nischen, einige dem Tal zugewandt, in denen in den Sommernächten die Studenten und die Handelsschüler feiern. Es geht dann hoch her. Wilde Reden, Singen, später Grölen. Die Mädchen kreischen. Am lautesten treiben es die Deutschschweizer. Sie sind nach Neuchâtel gekommen, um Französisch zu lernen, wobei jenes schweizerdeutsche Patois herauskommt, das «Français fédéral» genannt wird. Auch macht sich in den Höhlen bisweilen eine religiöse Gruppe bemerkbar: *«Jésus, sauve-moi!»* tönt es dann, gefolgt von langgezogenen Aves, Hosiannas, Amen; mein einmal hinaufgebrülltes *«Jesus, donne-moi le silence»* blieb ohnmächtig. In einer dieser Höhlen soll im 15. Jahrhundert ein Nicolas de Bruges als Eremit gehaust haben, offenbar von der Frömmigkeit nur zeitweise bedrängt, hielt er sich doch in Neuchâtel noch eine Wohnung und stellte Schiesspulver her. Vom Tal selbst ist sonst wenig Geschichtliches auszumachen: Dass sich darin der jüdische Friedhof befunden habe, weiss um 1692 ein Abraham Amiest zu berichten, aber die fromme Königin Bertha, die in Payerne, jenseits des Neuenburger Sees, damals Peterlingen, am Ende des 9. Jahrhunderts über das Königreich Hochburgund regierte, verbannte die Juden aus Neuchâtel, «sans jamais leur permettre d'y r'entrer». Nach dem Verschwinden des Friedhofs werden sich die Weinberge bis zum Felsen hinaufgezogen haben, nach den zerfallenen Rebmauern zu schliessen. Einige Jahrhunderte später mag das Tälchen in den Besitz der de Merveilleux gekommen sein, die eigentlich Wunderlich hiessen und deren Ahnherr Hans Wunderlich um 1430 herum Koch beim Grafen von Neuchâtel war; wie denn überhaupt die Gegend einen Hang zum Kulinarischen hervorbringt; die ersten Bewohner am Seeufer sollen in vorgeschichtlicher Zeit, bevor die Kelten kamen, Kannibalen gewesen sein, wie wohl wir alle in grauer Vorzeit. Als die Grafen von Neuchâtel ausstarben, strandete das Ländchen beim Hause Orléans-Longueville. Als auch dieses erlosch, erbte der «König in Preussen», Friedrich I., 1707 das Fürstentum, einerseits unterstützt von einem juristischen Gutachten des Philosophen Leibniz, andererseits ermutigt von der Politik des neuenburgischen Kanzlers, Georges de Montmollin, einer dessen Nachfahren – er hat deren viele – wohnt unten im Tal, das ich oben bewohne. 1848 befreite sich Neuchâtel von Preussen und erklärte sich zur Republik; ob es aber als unvermeidliches Resultat dieser neuen Ordnung «in die Barbarei zurückgesunken» sei, wie eine Schrift prophezeite, die 1848 in Berlin gedruckt wurde, wage ich nicht zu entscheiden, das Vallon de l'Ermitage ist zu abgelegen. Unter unserem Garten fällt das Terrain steil ab, der jenseitige Talhang ist bewaldet, doch sehen wir darüber hinweg auf den See; jenseits des Sees liegen freiburgisches und waadtländisches Bauernland, bewaldete Hügel, die sich bis zu den Alpen hochtürmen, vom Wohnhaus aus werden an klaren Herbst- und Wintertagen oder bei Föhn die Alpen, vom Finsteraarhorn über die Blümlisalp bis zum Montblanc, sichtbar, auch das Matterhorn ist zu erkennen, eine winzige Zacke; alle Gipfel ein Teil des Massivs, das vor 100 Millionen Jahren aus dem Tethysmeer hervorschoss, in verschiedenen gewaltigen Schüben, deren letzter den Tafel- und den Kettenjura ans Tageslicht zwängte. Am Südhang des letzteren haben denn auch Neuchâtel sich und ich mich angesiedelt. Betrachte ich mit dem Fernrohr die um wenige Millionen Jahre älteren Alpen und ihre Vorberge, vermag ich den Kirchturm von Guggisberg zu erspähen; aus diesem Dorf stammt meine Familie, und ich bin immer noch Burger dieser Gemeinde; das Fernrohr, das ich in diesem Falle benutze, ist ein grosser zweirohriger Zeiss auf einem Stativ. Ich brauche ihn manchmal, um die Schiessübungen der eidgenössischen Luftwaffe zu beobachten. Etwa 20 km entfernt, in der Nähe von Estavayer, sind im See Ziele aufgebaut. Sie sehen im Zeiss wie eine Pfahlbausiedlung aus, die Mirages donnern über mir vorbei, und ich vermag deutlich die Einschläge zu erkennen. Aber meistens verwende ich den Zeiss, um den Mond und die Planeten zu beobachten. Jupiter und Saturn sehe ich darin wie gestochen. Für die Jagd auf Spiralnebel setze ich ein Zweiundzwanzig-Zentimeter-Spiegelteleskop ein, es ähnelt einer primitiven Kanone, ein ungefüges Instrument, das ich, wenn Sonntagsspaziergänger vom Felsen mit ihren Ferngläsern zu mir herunterstarrten, umständlich aufstellte und gegen sie richtete: fluchtartig verliessen dann die Spaziergänger ihren Beobachtungsposten. Das war vor Jahren. Inzwischen ist unser Garten zugewachsen. Als wir das Wohnhaus bezogen, waren der Garten und die steile Alpweide davor bis zum Felsen hin baumlos. Zwar standen im oberen Garten, gegen den Felsen zu, einige Obstbäume: Kirschen, Pflaumen und Quitten, doch die Kirschen und die Pflaumen frassen die Vögel, der Wald war zu nah. Um das Haus herum waren Gemüsebeete, mit weissen Jurasteinen umrandet. Die Beete sahen wie Gräber aus. Der Besitzer des Hauses hatte vom Garten gelebt und duldete um das Haus keine Bäume, das Haus war der prallen Sonne ausgesetzt, ein gelber Würfel mit einem Flachdach (das erste in Neuchâtel), das wie ein flachgedrückter Hut aussah. Das Haus war zwei Jahre lang unbewohnt gewesen. Es sei für die Neuenburger zu abgelegen, meinte der Hausbesitzer, der es mir verkaufte, um mich zu beschwichtigen, denn irgendwie witterte ich einen anderen Grund, und kaum waren wir eingezogen, kam der Grund zum Vorschein: Das Flachdach war nicht dicht. Wir zogen einen Architekten bei. Das Dach müsse erneuert werden. Die Kosten betrügen den zehnten Teil der Kaufsumme des Hauses. Hatte ich mir schon diese zusammenpumpen müssen, so sah ich mich nun ausserstande, das Dach erneuern zu lassen. In Erwartung der kommenden Überschwemmungen sass ich wenige Wochen nach der Münchener Uraufführung der *Ehe des Herrn Mississippi* deprimiert in einem Café, als sich mir gegenüber ein alter massiver Mann niederliess und sich gleich vorstellte. Dem Namen nach musste er aus der gleichen Burgergemeinde stammen wie ich, und er stammte denn auch aus Guggisberg; ausserdem kam er gerade aus der Strafanstalt Witzwil und genoss nach mehreren Monaten die ersten Stunden Freiheit. Im Verlaufe des Gesprächs erzählte ich von meinem undichten Flachdach, war der Guggisberger doch früher Baumeister gewesen. Ob zum Dach eine Tür führe, fragte er. Ich bejahte. Ob diese Tür eine Eisenschwelle besitze, fragte er darauf – wir waren schon beim zweiten Dreier Fendant –, ich nickte wieder. Dann wisse er, woran es liege, sagte der Mann, der aus Witzwil kam. Er wolle mir das Dach reparieren, es koste mich fünf Franken. Wir tranken den dritten Dreier Weissen, dann kaufte er in der Drogerie Schneitter für fünf Franken Schifferkitt, und wir machten uns auf den Weg zum lecken Haus. Er bearbeitete mit dem Hammer den Beton unter der Eisenschwelle, brauchte den Schifferkitt auf, und das Dach wurde dicht und blieb dicht, bis ich dreizehn Jahre später das Haus renovieren liess. Ich bin dem Manne noch heute dankbar. Später begannen wir Bäume zu pflanzen, den Garten immer wieder umzugestalten, ein Schwimmbad und ein Arbeitshaus zu errichten, statt Gemüse kamen Blumen, dann statt Blumen Sträucher und neue Bäume, und nun, nach mehr als fünfundzwanzig Jahren, ist unser Garten ein Teil des Waldes geworden. Aber nicht nur unser Garten, auch das Tal wächst zu. Zwar ist der Wald über unserem Haus, jenseits des Weges, scheinbar der gleiche geblieben, aber die Fichten, Buchen und Eichen, die seinen Hauptbestand bilden, sind gewachsen; steigt man hier hinauf, ist er ungepflegter, verwilderter als vorher, nur noch mühsam vermag ich ihn zu durchdringen. Privatbesitz. Jenseits des Felsens gehört der Wald der Gemeinde. Durch ihn führen meine täglichen Spaziergänge, in den letzten zehn Jahren von meinen beiden deutschen Schäferhunden begleitet, mit denen ich Berndeutsch rede. Seit drei Jahren ist es ein anderes Paar, aber die Namen habe ich nicht geändert. Der Spaziergang ist immer der gleiche: ein Rundgang, bei dem ich bisweilen die Richtung ändere. Beim Gehen konzipiere ich gern, kaum das ich den Wald wahrnehme; an einer Stelle liegt immer noch der vermodernde Baumstamm, über den ich zum ersten Mal stieg, meinen noch nicht fünfjährigen Sohn an der Hand. Ein Wald verändert sich nur unmerklich, doch wurde die drei letzten Jahre gelichtet. Es war, als wäre mir der Wald abhanden gekommen. Ging ich vorher mit meinen Hunden durch dichtes Unterholz, trat nun das Gelände hervor, Findlinge wurden sichtbar, die ich nie bemerkt hatte. Jetzt erst habe ich mich an das Lichten gewöhnt. Doch nicht nur der Wald hat sich verändert, auch Neuchâtel, wenn auch diese Veränderung mir nur allmählich auffiel. Nicht umsonst wunderte sich neulich jemand, dass ich nie «Neuenburg» sage: Könnte ich «Neuenburg» sagen, hätte ich die Stadt akzeptiert, aber als «Neuchâtel» halte ich sie höflich auf Distanz, sie ist mir nie ganz vertraut geworden. Es gibt immer noch Quartiere, die ich nicht kenne, so etwa, als ich einmal mit einem befreundeten Psychiater vom Bahnhof zu seiner Wohnung hinunterwanderte, Treppen hinunter, durch Laubengänge, von denen ich keine Ahnung hatte, an einer Mauernische vorbei voller mit Kreide hingeschriebenen Nachrichten: «Cherche fille, 15 ans, pour faire l'amour», usw. Auch komme ich, fahre ich von der Hauptpost gegen den Bahnhof, linker Hand hinter den Häusern versteckt, an einem kleinen Palais vorbei, das zu betrachten ich mir schon seit einiger Zeit vorgenommen habe, allerdings brauchte es mehr als zwanzig Jahre, bis ich es bemerkte, und so habe ich das kleine Palais noch nie betrachtet und werde es wohl nie. Was jedoch die Hauptpost am Hafen betrifft, so war sie das hässlichste Gebäude der Stadt, als wir nach Neuchâtel übersiedelten. Der palastähnliche Bau aus gelbem Neuenburger Sandstein, etwa um die Jahrhundertwende erbaut, ist vom Glauben an die völkerverbindende Sendung der Post durchdrungen, unter seinen Giebeln, über der obersten Fensterreihe, sind immer noch die Namen längst untergegangener Staaten eingemeisselt wie Serbien und Montenegro, hier haben sie überlebt. Heute ist die Post, seit sie renoviert wurde, zu einem der schönsten Gebäude der Stadt geworden, verklärt durch den Zauber der Nostalgie, als wohltuender Kontrast zur modernen Bauerei, die auch in Neuchâtel nicht aufzuhalten war: Sie schlug wie in anderen Städten zu. Vom Motorboot meines Theaterverlegers gesehen, ist das Städtchen nicht mehr aufzufinden; es ist eine der Vorstädte der Vorstadt Serrières geworden, die mit ihren Hochhäusern dominiert. Es ist schwer auszumachen, wo Neuchâtel liegt, das Schloss und die Kathedrale sind beinahe nur durch Zufall zu entdecken, und seine Altstadt ist wie verschüttet. In die Kathedrale, die «Collégiale», führte ich bisweilen Bekannte. Das Grabmal der letzten Grafen von Neuchâtel ist nicht ohne Komik. Da es einmal den Boden bedeckte, haben die einst liegenden, nun mit dem Grabmal aufgerichteten, aber immer noch in ihren Rüstungen betenden Grafen eine penetrant schwule Haltung angenommen, und im Schloss, wo das Parlament tagte, wurde mein Sohn, der sich weigerte, weiterhin Militärdienst zu leisten, zu drei Monaten Gefängnis verdonnert, weil sein Entschluss nicht mit dem kategorischen Imperativ Kants vereinbar sei. Als ich darauf den Richter fragte, was er denn unter Kants kategorischem Imperativ verstünde, schaute er mich misstrauisch an, entschied dann, darüber habe er nicht zu diskutieren, Bern habe es verordnet. Dass sich auch sonst ein Steinteppich über Neuchâtel legt, hat seine Gründe: Indem die Stadt den felsigen Bergrücken des Chaumont hinaufkletterte, schüttete sie das dort Herausgepickelte und Herausgeschaufelte in den See, dessen Ufer ihn zu verschmälern beginnt.

Auch besitzt die Stadt die Eigentümlichkeit, dem See den Rücken zuzukehren. Zwar tummeln sich auf ihm die Boote und Segelschiffe, doch die Banken, das Gymnasium, die Post, das Kunstmuseum an seinem Ufer wirken in der Nacht mit ihrer Lichtlosigkeit wie tote Klötze. Neuchâtel ist eine Stadt der Maurern. Nicht umsonst zählen zu ihren heimlichen Herrschern auch zwei Bauunternehmer, deren Familien aus Italien und dem Tessin stammen. Den einen dieser heimlichen Herrscher, der nun auch schon unter der Erde liegt, sah ich oft im «Rocher», in der Beiz meines Freundes Liechti, das heisst dort, wo die Beiz eine Beiz ist, und nicht hinten im Sälchen, wo sie zur Fressbeiz wird, zum bekannten Restaurant. Auf den ersten Blick schien er ein Vorarbeiter einer seiner vielen Baustellen zu sein, aber er strahlte eine seltsame Ruhe und Sicherheit aus: die Ruhe des wirklich Mächtigen – so stellte ich mir Ernst Jüngers Oberförster vor. Mich begrüsste er höflich. Die Boshaftigkeiten, die ich ihm bisweilen über den F. C. Xamax sagte, quittierte er gelassen. Mit diesem Fussballklub versuchten er und sein Clan, sich bei der Bevölkerung beliebt zu machen; und auch bei mir spielt dieser Verein eine Rolle, denn zu den wenigen Rudimenten Neuchâtels, die von unserem Garten aus sichtbar sind, gehören neben drei Hausdächern über den Bäumen der gegenüberliegenden Talseite und dem Turm der katholischen Kirche unten am See auch der Fussballplatz, mächtig dröhnt der Aufschrei der Zuschauer zu uns empor, fällt ein Tor, verliert der Verein, herrscht Totenstille. Doch nicht nur Fussballgeschrei dringt zu uns herauf, auch der Lärm der Feste, die in der Stadt gefeiert werden: Blasmusik, Getrommel, die Musik der Festbuden auf dem Platz neben der Post, und bisweilen, wenn ich mit dem Wagen von Zürich oder Bern in der Nacht zurückkehrend vor dem «Escale» oder gegenüber, dem Café «Du Théâtre», dichtgedrängt die Leute sitzen sehe, erinnere ich mich an die Zeiten, als ich versuchte, in Neuchâtel heimisch zu werden. Dass dieser Versuch misslang, hat verschiedene Ursachen: Ich hatte nie eine besondere Beziehung zur französischen Kultur, und was sich ausserhalb derselben abspielte, zählte für Neuchâtel nicht. Dazu kam, dass im ersten Jahr der Schriftsteller Ludwig Hohl bei uns wohnte. Nicht freiwillig, ein bekannter Bildhauer hatte mich aus Genf angerufen, Hohl befinde sich in der Heilanstalt Bel-Air, ich solle ihn herausholen. Er habe, sei es nun aus Protest gegen die Stadt oder aus Protest gegen die demütigenden Umstände, in denen er sich befinde, in einer Strasse Genfs herumgeschossen, worauf die Polizei ihn in die städtische Heilanstalt eingeliefert habe. Ich kannte Hohl schon seit den Jahren her, die ich am Bieler See verbrachte. Er hatte mir nachts einmal angeläutet, er sei im Gasthof «Kreuz». Ich stieg, da keine Drahtseilbahn mehr fuhr, durch die Weinberge ins Dorf hinunter, fand Hohl im «Kreuz». Doch kaum hatte ich ihn begrüsst, wurden wir von zwei Polizisten verhaftet. Hohl hatte, als er versuchte mich anzurufen, zweimal aus Versehen die Nummer der Polizeistation Twann gewählt und verärgert gesagt, im «Kreuz» in Ligerz sitze ein Mörder; dann erst hatte er meine Nummer zu wählen vermocht. Mit Mühe gelang es mir, die Polizei zu beruhigen, um eine Busse kam ich nicht herum, aber ich war glücklich, endlich mit Hohl zur «Festi» hinaufzusteigen zu dürfen, wo ich mit meiner Familie wohnte. Es war eine helle Vollmondnacht, die Weinberge fast taghell beleuchtet, wenn auch in einem blauweisseren Licht. Ich schritt voran bergauf, der «Festi» entgegen, Hohl wenige Meter hinter mir, ständig mit lauter Stimme rezitierend: «Dass du nicht enden kannst, das macht dich gross.» Plötzlich tönte des Goethe-Zitat irgendwie dumpfer. Ich kehrte mich um, Hohl war nicht mehr zu sehen. Ich ging die Weinberge hinunter, schrie: «Ludwig, Ludwig!» Dumpf, wie aus dem Erdinnern tönte es mir entgegen: «Dass du nicht enden kannst, das macht dich gross.» Endlich entdeckte ich ihn, er war in ein Senkloch gefallen, und ich hatte Mühe, ihn wieder herauszubringen. Doch auch sonst war der Aufenthalt auf der «Festi» über Ligerz nicht unkompliziert. Er hatte von seiner geschiedenen Frau eine Tochter, die sich in einem Kinderheim in einem Dorf im Jura befand. Hohl entwarf die kompliziertesten Pläne, einen Berg zu besteigen, wo er sein Kind durch einen Feldstecher beobachten könnte, stellte Berechnungen auf, wann er aufbrechen müsste, usw., doch setzte er keine Pläne um, bald traute er dem Wetter, bald dem Feldstecher nicht. Dann kehrte er nach Genf zurück. Die Nachricht, er sei in die städtische Heilanstalt eingeliefert worden, beunruhigte mich. Ich reise nach Genf. Den bekannten Bildhauer fand ich in einer Kneipe, dick und betrunken zwischen zwei ebenso dicken und betrunkenen Dirnen, zu viert machten wir uns zur Rettung Hohls in einem Taxi zur Heilanstalt auf, mit Mühe vermochte ich die Dirnen zu überreden, nicht mit uns in die Heilanstalt zu gehen, der betrunkene Bildhauer war Ballast genug: Der Oberarzt empfing uns denn auch nicht allzu freundlich, besonders, als der Bildhauer rabiat wurde. Ich war schliesslich froh, die Heilanstalt – wenn auch ohne Hohl, aber mit dem fluchenden Bildhauer – überhaupt verlassen zu können. Erst eine Woche später gelang es mir, Hohl freizubekommen. Ich war ohne Bildhauer hingegangen. Ich musste versprechen, Hohl nach Neuchâtel zu nehmen. Kaum hatten wir die Anstalt verlassen, liess er das Taxi anhalten und verschwand. Ich glaubte schon, er habe sich davongemacht, als er mit zwei Flaschen Rum zurückkehrte. Die Reise nach Neuchâtel verbrachte er schlafend in einem Abteil dritter Klasse über mir im Gepäckträger. Das Zusammenleben mit ihm war nicht leicht. Die Kinder waren noch klein, die Schwiegermutter wohnte bei uns, das Haus war überfüllt. Hohl wohnte in einem Zimmer im Parterre, gegen den Weg zu, der zum Rocher de l'Ermitage hinaufführt. Er hatte das Zimmer mit Schnüren vollgespannt, an welchen seine Aphorismen an Wäscheklammern hingen, unter denen er sich wie unter einem Spinnennetz bewegte. Seine Arbeit bestand darin, seine Aphorismen nicht neu zu schreiben, sondern neu zu ordnen. Am Morgen arbeitete er, dann durfte er nicht angesprochen werden, schon den Morgengruss meiner Frau empfand er als Beleidigung. Ich arbeitete nachts, da wollte er mit mir reden. Wir scheiterten aneinander. Da er seine Aphorismen zum Fenster hinausschrie, wild gestikulierend, und weil er es liebte, im Wald unter dem Felsen Rilkes *Requiem* laut zu rezitieren, verwunderte er und erschreckte die meist betagten Leute vom Altersheim, die das Vallon de l'Ermitage hinaufwanderten: Den ersten Sommer, den wir in Neuchâtel verweilten, glaubten die Neuchâteler, Hohl sei ich, und bedauerten das Geschick meiner Frau, an einen derart exaltierten Mann geraten zu sein. Auch mit meinen Kindern hatte Hohl Schwierigkeiten: Er liebte es, mit ihnen zu spielen, doch tat er das derart intensiv, dass sie sich vor ihm fürchteten, bald heulte er wie ein Wolf, bald brüllte er wie ein Löwe, nur lauter als die Originale. Die Nachmittage verbrachte ich damit, die Steine, die mein Vorgänger ein Leben lang in die Erde gesetzt hatte, sein Gemüse zu umhegen, mit einer Eisenstange wieder aus der Erde zu hebeln und aus dem Garten zu werfen, wo sie zum Vergnügen meiner Kinder den Hang hinunterrollten. Hohl wollte mir oft dabei helfen, empfand er doch eine Leidenschaft für Steine, die er für menschlicher als Menschen hielt. Mühsam hebelte er einen der Steine aus der Erde, rollte ich ihn auf den Rasen, legte sich neben ihn und schlief ein. Andächtig standen die Kinder um Hohl und Stein herum. Nach etwa drei Monaten kehrte Hohl nach Genf zurück. Er empfand es als eine Befreiung, und auch wir empfanden es so. Am letzten Abend, den er bei uns verbrachte, spielte er alle seine Begegnungen durch, die er nach seiner Rückkehr in den Strassen Genfs mit der Polizei für möglich hielt. Er war von einer unvergleichlichen Komik. Seine baldige Verhaftung schien mir unumgänglich. Er wurde nicht verhaftet. Erst nachträglich wird mir deutlich, was mich an ihm störte: Hohl war ein Schauspieler, der die Komik aus seinem Leben verbannt hatte, die er seiner Natur nach besass. Seine Armut, sein Kellerdasein waren gespielt. Er zielte auf Tragik: Darum auch sein Stil: Sätze wie in Marmor gemeisselt, Sätze, die das Allgemeingültige verlangen. Er war ein Mensch, den ich bewunderte, dem ich nichts entgegensetzen konnte, aber in dessen Bereich ich nicht zu leben vermochte. Wer will in der Cheops-Pyramide eingeschlossen bleiben? Ich musste ins Freie. Doch scheint es mir nachträglich nicht zufällig, dass mich Neuchâtel mit Hohl verwechselte. Es verwechselte etwas Unverständliches mit etwas noch Unverständlicherem. Für diese Stadt war ein deutschschweizerischer Dichter an sich etwas Verrücktes. Hohl entsprach dieser Vorstellung mehr als ich: Er war für sie ein deutschschweizerischer Poète maudit. Für sie war ich zu normal, besonders als ich zu verdienen begann. Eine Frau, die meine Kinder fragte, die auf der Strasse spielten, was denn der Vater mache, welchen Beruf er habe, erhielt zur Antwort: «Er erzählt Geschichten.» Die Frau war verwirrt. Mit Recht. Schriftstellerei trieben in Neuchâtel Lehrer oder sonst ernsthafte Leute als Nebenbeschäftigung. Dass ich nichts war als Schriftsteller, war etwas Suspektes. Meine Stücke waren in Paris bestenfalls Achtungserfolge, nicht gerade Durchfälle, jedenfalls derart, dass mir eine Bäckersfrau, als ich Brot kaufte, nach der Aufführung der *Fous de Dieu (Es steht geschrieben)* im Théâtre des Mathurins in Paris, spontan auf den Rücken klopfte und wohlwollend auf Berndeutsch ausrief: «Machet so wyter.» Die erste Anerkennung, die ich in Neuchâtel fand. Erst Yvonne Châtenay machte mich in dieser Stadt heimisch. Als ich einmal die Brasserie «Strauss» in der Rue St-Honoré verlassen wollte, trat die damals etwa Fünfzigjährige auf mich zu, mit hängender Unterlippe und einem Louis-XVI-Gesicht. Ihre Bewegungen waren seltsam langsam. Sie sagte etwas von Wattenwil, einem Dorf am Fusse des Stockhorns in der Nähe von Thun. Ich begriff nicht, was sie meinte, schüttelte ihr die Hand, die sie mir darbot, und antwortete, meine Mutter sei auch in Wattenwil geboren. Dann verabschiedete ich mich. Als ich eine Woche später das Café «Strauss» betrat, wurde ich von der Wattenwilerin an ihren Stammtisch gebeten, der sich neben dem Eingang in einer Nische befand. Ich setzte mich zu ihr. Offenbar hatte sie bemerkt, dass ich sie immer noch nicht einzuordnen vermochte, und stellte sich zum zweitenmal vor: Sie war eine geborene von Wattenwyl (die auch bei Balzac vorkommen), verheiratet mit einem Neuenburger, den ich abends ebenfalls kennenlernte. André sah aus, wie man sich einen französischen Adligen vorstellt, der uralte Adel seiner Frau war gleichsam auf ihn übergegangen. Die beiden hatten zwischen den zwei Weltkriegen in Paris ein Leben im grossen Stil geführt, und ihr Vermögen war dahin, als sie der Krieg nach Neuchâtel zurückschwemmte. Er wurde Vertreter eines alten Weinhändlers in Bordeaux, der mehrere Schlösser besass, nur noch Château d'Yquem trank und Austern ass und dessen Weinliste André in seiner prallen Brieftasche stets mit sich führte. Ausserdem rahmte er Stiche; womit er sonst noch handelte, weiss ich nicht. Sie wohnten in Auvernier in einem alten Hause, halb ein Schlösschen, eine Wendeltreppe führte in den zweiten Stock, den sie bewohnten, den ersten hatten sie vermietet. Sie hausten in drei Zimmern voll uralter Möbel; das Haus hatte Andrés Vater gehört. Leider war von der Seite der von Wattenwyl eine malende Tante hineingeraten, ihre Bilder bedeckten die Wände beinahe gänzlich. Ich neckte Yvonne oft mit ihrer Herkunft, dann sagte sie energisch: «Schwyg, Ungertan!» (Schweig, Untertan!) Auch hatten die beiden neben der Musik noch eine weitere Leidenschaft: Fussball. Da sie keinen Fernsehapparat besassen, kamen sie bei jeder Übertragung eines Spiels zu uns. Dann sass Yvonne unbeweglich vor der Bildscheibe, und wenn die Schweizer in der Tornähe des Gegners auftauchten, sagte sie: «Schutt!» (Schiess!) Meistens besuchte mich André abends allein, wir tranken eine Flasche Wein und hörten Musik, ohne ein Wort miteinander zu sprechen, dann fuhr er wieder mit seinem alten Citroën die Stadt hinunter und holte Yvonne ab, die er gegen Mittag ins Café «Strauss» begleitet hatte. Über Yvonnes Jugend weiss ich nichts Genaues. Mich dünkt, ich hätte sie einst gesehen. Ich war etwa sieben, als meine Eltern auf die traurige Idee kamen, mir das Klavierspielen beibringen zu lassen. Sie schickten mich zur Klavierlehrerin, zur Tochter des Pfarrers von Oberdiessbach, ein Pfarrersohn hat es schwer, aus seinem Milieu herauszukommen. Jeden Samstag hatte ich in das benachbarte Dorf hinunterzugehen. Die Klavierlehrerin gab jedes Jahr gegen Weihnachten im Pfarrhaus ein Konzert, wo sich ihre Schüler und Schülerinnen angesichts ihren stolzen Eltern produzierten, unter ihnen zwei oder drei Mädchen von Wattenwyl, wie ich mich zu erinnern glaube, seien sie nun vom nahen Schloss Oberdiessbach oder von anderswo gewesen, alle beträchtlich älter als ich, aber respektvoll, als etwa Ausserordentliches behandelt. Sie kamen mir unglaublich schön, nobel und unerreichbar vor. Yvonne mag eine von ihnen gewesen sein. Ich spielte «Hoch zu Ross», was Yvonne spielte, weiss ich nicht. Yvonne bewegte sich später mit der Sicherheit und Selbstverständlichkeit einer «de Watteville» durch die grosse Gesellschaft, unternahm grosse Reisen, war mit einem Maharadscha befreundet, dann fielen die Krankheiten wie Bestien über sie her: Schlafkrankheit, Bang, Parkinson, sie wurde schwer, unbeweglich, in sich versunken, aber sie hatte die Gabe, Menschen an sich zu ziehen. Bei ihr lernte ich die Originale Neuchâtels kennen, Käuze, wie sie nur eine kleine Stadt hervorzubringen vermag, eine grosse Stadt bringt sie nicht zum Strahlen. Vor allem fiel auf, dass sich die Stammrunde, die sich um Yvonne bildete, nur danach richtete, ob jemand etwas war, nicht danach, was er war. So fand man den armen russischen Emigranten neben dem Regierungsrat, einen schweigsamen verkrachten Erfinder neben dem Rektor der Universität, Menschen, von denen ich nicht wusste, was sie waren, neben Literaten und Gymnasiallehrern. Der Stammtisch war Yvonnes Zuhause, und wir fühlten uns nach und nach ein wenig als «Neuchâteller», wenn ich auch wusste, dass man sich über mein unmögliches Französisch lustig machte. Aber Yvonne sollte den Rest ihres Lebens nicht im Café «Strauss» verbringen können: Das Haus, in welchem sich das Café befand, wurde abgebrochen, um einem der langweiligen Neubauten Platz zu machen, die nun die Stadt Neuchâtel verwüsten. Das Café «Strauss» ging mit Glanz und Gloria unter, sein Tod war gleichsam der Tod des alten Neuchâtels. Wir trafen uns schon gegen Mitte des Nachmittags im «Strauss», alle entschlossen, Küche, Vorratsräume und den Keller bis zum letzten Rest zu räumen. Nun ist es sinnlos, vorzugeben, eine Erinnerung an ein bestimmtes Ereignis sei lückenlos erhalten geblieben, was zurückbleibt sind Einzelheiten, die sich ineinanderschieben, die ihre Konturen verlieren, die aber auch zeitlich durcheinandergeraten. Was mir vom Tode dieses Cafés geblieben ist, vom Sterben besser, das bis in die Morgenstunden dauerte, ist ein sich steigerndes Bacchanal: Zu Beginn ging es zu, wie es immer zuging, wir sassen bei Yvonne, André war gegen seine Gewohnheit auch schon da, das war das einzige Aussergewöhnliche. Der russische Emigrant, der «Berufsrusse», wie ich ihn nannte, war vielleicht eine Spur ausgelassener als sonst, ein Gymnasiallehrer aus La Chaux-de-Fonds hatte sich, um den Abschied zu feiern, möglicherweise noch mehr Mut als gewöhnlich angetrunken. Zugegeben, das alles ist irgendwie noch rekonstruierbar, auch dass ich, doch sonst ein Weintrinker, «Pflümli» trank, weil der Schnaps von der Wirtin gespendet wurde, ist einigermassen sicher. So soff ich denn schon von Beginn an verkehrt, wahrscheinlich alle, denn von den Pflümlis,

Kirschs und Marcs ging man zum Wein über, zuerst zum Weissen, zudem noch zum Neuenburger, den allerdigs auch James Joyce in der «Kronenhalle» mit Vorliebe trank. Yvonne thronte auf ihrem Platz wie eine Königin. André beklagte den Niedergang der Kunst, Violine zu spielen, nur noch Isaac Stern liess er gelten und vielleicht noch Nathan Milstein. Der Inspektor für Wald und See gründete mit mir eine Partei – und das bei der Bernerplatte, die nun aufgetragen wurde, was ich nachträglich zwar für unwahrscheinlich halte, aber jeder, der an diesem Abschiedsessen teilnahm, wird, sofern er noch lebt, ein anderes Menü nennen. Die Partei hatte zum Ziel, aus der Stadt Neuchâtel einen unabhängigen Kleinstaat zu machen nach dem Muster Monte Carlos. La Chaux-de-Fonds beschlossen wir freizugeben, es sollte die Hauptstadt des Kantons Jura werden, dem gleichzeitig der Berner Jura zugeschlagen werden könnte, ein Vorschlag, den ein anwesender Separatistenführer strikt ablehnte, während – wir waren inzwischen beim Roten – der Berufsrusse energisch seine Ernennung zum Fürsten von Neuchâtel verlangte, er sei von noch älterem Adel als die Romanows, und Dschingis-Kahn sei einer seiner Vorfahren. Er scheiterte mit seinem Vorschlag. Inzwischen wurden die ersten Reden gehalten, Käse wurde aufgetischt, die selteneren Weine kamen daran. Zuerst wurde die Wirtin gefeiert, dann Yvonne. Dann schlug die Stimmung ins Patriotische um, in einer grossen Rede definierte der Inspektor die drei wesentlichen Parteien, welche die Schweiz regierten, die christliche, die freisinnige und die sozialdemokratische, in der Weise, dass die erste an Gott, ans Vaterland und ans Geld, die zweite ans Vaterland und ans Geld und die dritte nur noch ans Geld glaube; der Regierungsrat hielt eine Rede gegen die Waadtländer, sie seinen nichts anderes als Berner, die vorgäben, französisch zu sprechen; der Buchhändler, ein Waadtländer, behauptete, der Schnellzug Neuchâtel – Lausanne sei letzthin entgleist, weil er kurz nach Neuchâtel über eine Weintraube gefahren sei. Dann begann, bei den Würsten, der Berufsrusse seine Wut loszulassen, die sich seit Jahren in ihm gegen Neuchâtel zusammengebraut hatte, wo er ein erbärmliches Leben führte. Seine Hasstirade war von einer unbändigen Kraft, er zählte den Neuenburgern alle ihre Fehler auf, summierte ihre Sünden, potenzierte ihre Laster; seine russische Seele schäumte über, schoss über Neuchâtel hinaus, ergoss sich über die Schweiz, über dieses monströse Spiessernest, das so erbärmliche Zwerge wie den ketzerischen Calvin und den gotteslästerlichen Zwingli hervorgebracht habe. Aber die Neuenburger wurden nicht zornig, im Gegenteil, sie feuerten ihn an, sie klatschten, riefen Bravo, je mehr der Berufsrusse schäumte. Das ganze Restaurant war überfüllt, was sich an den anderen Tischen abspielte, war von meinem Sitz nicht auszumachen, auf einmal wurde Champagner serviert, alles war sternhagelvoll, auch die Polizei. Die Partei, die der Inspektor für Wald und See mit mir gegründet hatte, spaltete sich in ihn und mich auf, er wollte in Neuchâtel einen zweiten Vatikan gründen, was ich als unrealistische Politik verurteilte; mein Übersetzer hielt eine Rede gegen die französische Musik; der Rektor der Universität sprach mich mit «Notre Aristophanes» an, ich ihn als «Mon cher Hérodot», eine Anrede, die wir auch später beibehielten; ein stiller deutschschweizerischer Bankbeamter, der nie ein Wort sprach, aber aus irgendeinem Grunde die Sympathie Yvonnes gewonnen hatte, verlangte auf der Stelle, unter dem Tisch mit der Serviertochter zu schlafen; der Gymnasiallehrer aus La Chaux-de-Fonds, ein Jude, hielt eine Rede im Stil eines einheimischen Bundesrates, und alle stimmten die Nationalhymne an. Vom Ende des Cafés ist mir kaum etwas in Erinnerung geblieben, nur noch vage ein Herumtappen im geleerten Keller, ob noch einige Flaschen zu finden wären, dann das Erscheinen der Arbeiter am frühen Morgen, die mit dem Abbruch begannen. Die Tische, die Stühle wurden abtransportiert, das Café «Strauss» war tot. Man machte sich auf die Suche nach einem neuen Stammtisch und fand ihn im Café «Du Théâtre», aber es war nicht mehr der alte, man kam nur noch gelegentlich zu Yvonne, das Essen war mittelmässig. Yvonnes Stammtisch war immer trauriger, viele starben, sie liess Leute zu, die sie vorher nicht zugelassen hatte. Auch war sie immer häufiger ans Bett gefesselt, und da die Leidenschaft der Neuchâteler ohnehin im Bridge liegt, war oft ihr Tisch verwaist, nur der neue Rektor der Universität, ein Theologe, sass dann dort und spielte mit dem Vorsteher der jüdischen Gemeinde Schach: Ormuzd und Ahriman, wobei ich nur nicht wusste, wer von den beiden Ormuzd und wer Ahriman war. Erinnere ich mich dieser Zeit, wird mir bewusst, wie sehr ich in den Innenraum meiner selbst abgedrängt worden bin: Schreiben wird schwieriger, je mehr sich das Erlebte, Verdrängte und Nicht-Erlebte anhäuft. Darum wohl die Schwierigkeit, die ich mit Neuchâtel habe: Meine Arbeit hat sich immer unerbittlicher zwischen mich und die Stadt geschoben. Ich nehme sie nicht mehr wahr. Nicht aus Missachtung, sondern aus Selbstschutz. Und nicht nur sie. Oft fragen mich Besucher, wie ich mit den neuen überlebensgrossen Figuren der «Heilsarmee» von Varlin, mit diesem grossen Bild in meinem Arbeitszimmer, zu schreiben vermöge: Wie könnte ich sie sehen, wenn ich schreibe (jetzt stehen sie in meinem Atelier). Und wer bewundert nicht unsere Aussicht? Mir wird sie selten bewusst, für Augenblicke, plötzlich. Vom Bauernhof im Talgrund trotteten an den Sommerabenden Kühe auf die Matte vor meinem Garten. In der Nacht tönte ihr Geläute bald nah, bald fern, und vor zwei Jahren drangen sie durch die offene Gartentür früh morgens herein. Die Hunde bellten und tobten, vertrieben die Kühe bis auf eine. Hilflos stand das grosse Tier halb in der Küche, als ich hinunterkam, glotzte mich an, dann flüchtete es in die Pergola, doch nahm die Kuh darauf nicht den Weg durch die immer noch offene Gartentür, sondern stand, dumpf muhend, halb eingebrochen auf dem Schutzdach über dem Hundehaus. Der Bauer, den ich anrief und der mit dem Traktor kam, starrte die Kuh verwundert an, so was habe er noch nie gesehen, dann befreite er das Vieh aus seiner Lage. Es war Sommer, fünf Uhr. Ich ging durch den von den Kühen befreiten Garten, blickte das Vallon hinunter, der See glänzte wie ein gewaltiger Spiegel herauf, ich sah alles wie zum ersten Mal, ich war im Weiten, nicht mehr wie einst in den Labyrinthen und Höhlen meiner Jugend, wo mich das Emmental mit seinen Tannenwäldern umfing. Dieses Jahr bleiben die Kühe aus, die Nächte sind noch stiller als sonst, hin und wieder ein Flugzeug, erst gegen Morgen hallt es vom Bahnhof herauf. Die Veränderungen im Vallon stellen sich unmerklich ein: Konnte ich früher noch die Fussballspiele auf der Maladière durch das Fernrohr betrachten, sind nun die Bäume unten an der Rue Matile und in meinem Garten zu gross geworden; die katholische Kirche aus dem Ende des vorigen Jahrhunderts hat ihre einst englisch wirkende Pseudo-Gotik längst verloren, die Zinnen des roten Turms sind einem Architekten zum Opfer gefallen, der ihn zu modernisieren versuchte, erst jetzt ist der Turm echt hässlich. Die Linderung durch Nostalgie will sich nicht einstellen, es braucht ein weiteres Jahrhundert dazu. Die Stadt jedoch bleibt mir von unserem Haus aus nicht nur durch die bewaldete Seite des Tälchens verborgen, über die ich den See erblicke, sondern vor allem durch mich selber, war ich doch hierher gezogen, um an keinem Kulturleben teilnehmen zu müssen. Kultur mache ich selber, und ich gehe in Neuchâtel ebenso ungern ins Theater wie in Zürich oder in München. Ich gehe überhaupt nicht gern ins Theater. Aber gesellschaftliche Zwänge sind immer vorhanden, und so bin ich denn vor der deutschschweizerischen Kultur nach Neuchâtel geflüchtet. Nicht, dass ich hier vollkommen frei wäre. Zwar ist das Theater neben dem Stadthaus klein und baufällig – und ich war froh, dass es früher von der Gala Karsenty bespielt wurde, niemand verlangte von mir, dass ich es besuche –, aber wenn etwa das Théâtre de l'Est aus Strassburg mit dem *Romulus* und dem *Besuch der alten Dame* kam, war mein Erscheinen unerlässlich; ich sass dann wie auf Kohlen, gleichsam als ein Kulturträger, obwohl die Aufführungen unter der Regie Ginoux' vortrefflich waren. Doch spricht es nicht gegen die Stadt, dass die Pläne für ein neues Theater noch nicht verwirklicht sind. Besser kein Theaterleben als ein hochsubventioniertes mittelmässiges, wie es in der deutschen Schweiz getrieben wird. Die heutige Zeit hat das Theater von der Bühne getrieben. Doch ist es nicht mein Verdienst, dass die natürliche Ordnung des Vallon de l'Ermitage so viele Jahre erhalten wurde. Ich verdanke sie meinem Nachbarn, dem Notar, einem alten Junggesellen, der etwa zweihundert Meter unter mir, bevor das Tal ansteigt, in einer alten Villa haust. Erst seit einiger Zeit grüssen wir uns wieder, wenn wir, möglichst weit voneinander entfernt, im «Rocher» speisen. Ich grüsse, höflich nickend, er grüsst pathetisch, die Höflichkeit übertreibend: ein alter Man mit Charakter. Ihm gehört ausser der steilen Matte unter meinem Garten und unter dem Felsen fast das ganze Vallon samt den baufälligen Bauerngehöften, deren Bewohner unter seinen Launen zu seufzen haben wie einst die Bauern unter den Landvögten: Der jetzige Bauer ist wohl schon der vierte, den wir erlebt haben. Als ich den Maître zum ersten Mal in seinem Büro in der Stadt aufsuchte, um mit dem zusammengepumpten Geld mein heutiges Wohnhaus zu erstehen, betrachtete er mich argwöhnisch. Zwar war er nur der Notar des Besitzers, aber doch die entscheidende Person. Ihm wagte niemand in der Stadt zu widersprechen, und schon gar nicht der alte Stadtingenieur, der mir das Haus verkaufen wollte. Ich sah meine Chancen sinken. Des Maîtres Argwohn war nicht unberechtigt. Meine Erscheinung war dubios. Ich trug einen langen Mantel, der mir viel zu weit war, das Geschenk eines Kammersängers, auch ihm war er zu weit geworden. Der Maître war befremdet. Doch schimmerte in seinem skeptischen Blick ein distanziertes Wohlwollen auf, als ich ihm auf seine Frage hin versicherte, dass wir keinen Hund besässen – vorher war ein Mann bei ihm gewesen, der das Haus erstehen wollte, um ein Hundeheim zu errichten, und weil der Maître Hunde hasste, hatte er den Kauf verhindert. Meine Hundelosigkeit bewirkte, dass er mir keinen juristischen Widerstand entgegensetzte. Eine gewisse freundschaftliche Nachbarschaft bahnte sich an, im menschlich unterkühlten Neuenburger Klima freilich; der Maître war, wie viele im Kanton, ursprünglich ein Berner. Wir besuchten ihn einmal, und einmal besuchte er uns. Wir assen in der «eingebauten» Bibliothek bei Kerzenlicht. Dann schenkte uns ein alter Oberst, den wir von Bern her kannten, seinen alten Hund. Der freundliche Patrizier trennte sich ungern von seinem Tier, aber es rief bei ihm eine Allergie hervor, und wir konnten seinem Bitten nicht widerstehen. Es war ein Cockerspaniel, ein Hund, der einen in Rage brachte, so hündisch war er. Er trennte sich nie von mir, lief mir nach. Ich schloss unbeabsichtigt Türen vor ihm, ein ständiges Gewinsel erfüllte das Haus, im Garten bellte er. Der Maître empfand diesen Hund als Treuebruch. Dass dessen Kläffen auch mich nervös machte, gebe ich zu. Leider begann der Maître seinen Kampf gegen unseren Hund mit eingeschriebenen Briefen, er schickte uns einen um den anderen ins Haus, statt mich bei einer guten Flasche Wein zu überreden, den Hund an einen weiteren Hundefreund zu verschenken, um so mehr, als ich eigentlich gar kein Hundfreund war, statt dessen machten mich seine eingeschriebenen Briefe zu einem. Auch war ich so unvorsichtig, im «Strauss» vom Hundekrieg zwischen dem Maître und mir zu erzählen, und auf die Frage, was ich ihm denn geantwortet habe, flunkerte ich – mehr aus Verlegenheit, weil ich auf Briefe nie antwortete, als aus Übermut –, ich hätte dem Maître geschrieben, seine Briefe meinem Hund vorgelesen zu haben in der Hoffnung, das Tier würde sie beherzigen. Meine Flunkerei geriet in die Zeitungen, und die Beziehungen zum Nachbarn verschlimmerten sich. Wir grüssten uns nicht mehr. Der Cockerspaniel wurde uralt. Er lebte mit den Katzen zusammen, die wir damals hatten. Zuerst war es nur eine, wir hatten sie von der «Festi» mitgenommen, aber sie warf jedes Jahr bis zu sechzehn Junge. Die ersten acht gab ich dem Bauern unten im Tal zum Töten. Er schaute mich an und nahm schweigend die Tiere. In diesem Augenblick begriff ich, dass ich in seinen Augen ein Feigling war: Wer Katzen hält, muss sie auch töten können. Der Bauer ging mit den Kätzchen davon. Von da an tötete ich die Kätzchen selber. Ich untersuchte sie, liess der Mieze einen Kater und trug die anderen in den Obstgarten, grub ein Loch, warf sie hinein, schaufelte Erde darüber, stampfte die Grube zu, sechs Jahre lang, ich hatte über achtzig Kätzchen getötet, ich kam mir vor wie ein Katzen-Eichmann. Unser Haus wimmelte von Katern, die Mieze warf und warf. War sie soweit, schlich sie schnurrend um mich herum, setzte sich schliesslich auf meine Schreibmaschine. Dann wusste ich, was ich zu tun hatte. Ich richtete ihr eine Kiste ein, mit Lumpen gefüllt, stellte Milch bereit, sie begann zu werfen und ich zu töten. Dann kam das grosse Katzensterben. Ein Arzt in Südfrankreich setzte einen Bazillus frei. Er wollte gegen die Kaninchen vorgehen, die seinen Garten verwüsteten, sie verwüsteten ihn daraufhin nicht mehr, aber der Arzt löste eine Seuche aus: Die Bazillen griffen auch die Katzen an. Nicht nur die französischen, sondern auch die unsrigen, die Grenzen boten keinen Schutz. Die Kater wurden zuerst gelähmt,

krochen im Haus umher, schrien jämmerlich und gingen nach drei Tagen ein. Zwei Wochen währte diese Sterberei. Nur die Mieze blieb am Leben. Ich liess sie sterilisieren. Von da an veränderte sie sich, begann zu streunen, blieb endlich ganz fort. Der Cockerspaniel war allein, blind, auch sein Geruchsinn liess nach. Am liebsten blieb er in der Küche. Wir kauften von einem Bauern im Jura einen Berner Sennenhund. Ein riesiges Tier. Doch hätte mich die Art, wie der Bauer den Berner Sennenhund behandelt hatte, stutzig machen sollen: Er behandelte ihn wie einen Hund, schlug in brutal, trat nach ihm. Buddy war ängstlich und wurde später gefährlich. Wir hatten für ihn einen Zwinger gebaut. Er tobte den ersten Tag darin, langsam gewöhnte er sich an uns, aber für den Maître war es zuviel. Er reichte beim Stadtrat eine Klage ein: Ich hätte unmittelbar an der Grenze zwischen den beiden Grundstücken, zwischen dem seinen und dem meinen, ein Gebäude errichtet. Der Stadtrat gab ihm den Bescheid, das Gebäude bestünde nur aus einer Mauer und einem Eternit-Dach, das Hundehaus darunter sei nicht als Gebäude zu bezeichnen. Der Groll meines Nachbars stieg. Der Berner Sennenhund war nicht zu halten, vom Dach des Zwingers gelangte er mit Leichtigkeit auf die Strasse. Er trottete manchmal in die Stadt, legte sich vor irgendeine Haustür. Man telefonierte uns, man wage sich nicht vor die Tür. Mühsam schaffte ich den Hund nach Hause. Dann liess sich das Vieh hinter der Hecke des Maître nieder, die Kinder riefen mich, Spaziergänger und Dreikäsehochs starrten durch die Hecke auf den beinahe bernhardinergrossen Sennenhund, im Garten stand steif und zornig der Maître. Ich wollte durch die Hecke den Hund wegführen, die Hecke war undurchdringbar, es blieb mir nichts anderes übrig, als den Umweg über das Bauernhaus im Talgrund zu machen. Doch der Maître herrschte mich an, den Weg durch seinen Garten zu benützen. Ich zögerte, die Kinder waren gespannt: Was wird Papi tun? Der Riesenhund zitterte vor Furcht, ich gehorchte ihm zuliebe dem Maître, ging durch seinen Garten, zog den Hund hinter der Hecke hervor, ging mit ihm durch den Garten zurück. Der Maître hatte gesiegt und begrüsste mich, seinen Sieg geniessend, in tadellosem Deutsch. Ich schüttelte ihm die Hand, beschämt durch meine «Charakterlosigkeit», und nahm mir vor, ihn von nun an zu ignorieren, und so ignorierten wir uns denn. Das Schicksal des Maîtres, meines und das des Berner Sennenhundes nahmen ihren Lauf. Alle drei blieben wir unseren Prinzipien treu, alle drei waren wir schliesslich unserem Ursprung nach Berner. Der Sennenhund entwickelte sich langsam zu einer Bestie, die uns fanatisch bewachte. Meinen Vater, machte dieser einen Spaziergang, liess Buddy nicht mehr in den Garten; einen Regisseur, der bei uns wohnte und frühmorgens im Schwimmbad zwischen dem unteren und oberen Haus badete, liess er nicht mehr aus dem Wasser steigen, erst das Dienstmädchen rettete den halberfrorenen Theatermann; dann fiel er Menschen an, zuerst einen dänischen Journalisten. Ich hatte ihn zuerst nicht empfangen wollen, dann auf eine halbe Stunde eingewilligt – er musste, nachdem ich ihn ins Spital geführt hatte, noch drei Tage bei uns bleiben. Dann biss er einen Bildhauer, dann einen Lehrer, der trotz meiner Warnung den Garten betrat – er wisse, wie man mit Berner Sennenhunde umgehe –, dann einen Freund meines Sohnes, dann noch einmal den Bildhauer, darauf die beiden Töchter unseres Garagisten – dass sie unser Auto zur Revision abholten, musste das Vieh als Diebstahl empfunden haben –, er biss ferner den Imker, und endlich biss er den Wildhüter, vier Stunden wurde dieser im Spital genäht. Trotz der Fürbitten meiner Frau ging es nicht anders, ich musste tun, was ich längst hätte tun sollen: Es war Weihnachten, der Baum angezündet, ich ging mit dem Berner Sennenhund zum Tierarzt, der uns seinerzeit das Vieh vermittelt hatte. Der Hund folgte mir willig, er liebte es, hinten im Auto zu sitzen. Auch beim Tierarzt ahnte er nichts, er leckte mir die Hand, als ihm der Tierarzt die Spritze gab, dann legte er sich ordentlich und langsam hin, wie er es immer tat, wie zum Schlafen. «Wann ist er tot?» fragte ich. «Jetzt», antwortete der Tierarzt. Doch machte uns sein Tod weniger zu schaffen als jener des kleinen dreifarbigen Papillon, der wenige Meter unter unserem Haus überfahren wurde. Der Schmetterlingshund war eine Art kleiner Fuchs mit riesigen Fledermausohren und mit einem mächtigen Schweif, der ihm wie ein Wasserfall aus weissen Haaren auf den Rücken fiel. Wenn ich je einen Hund wirklich geliebt habe, so ihn, obschon er mich eigentlich auf Distanz behandelte. Nur wenn es gewitterte, drängte sich das Hündchen an mich, kratzte mich ungeduldig, wohl in Erwartung, dass ich imstande sei, das Gewitter abzustellen. 1969 fuhr meine Frau mit meiner Tochter und meiner Schwester in die USA. Ich hatte mein erstes Basler Jahr hinter mir. *König Johann* war uraufgeführt worden, später *Play Strindberg*, ich war nervös, voller Pläne, ich wollte arbeiten. Dass ich meine Familie vernachlässigte, spürte ich, sie sollten etwas erleben: eine Amerikareise würde ihnen guttun. Nun waren sie fort, Ostern kam, der Ostermontag, das Dienstmädchen hatte frei, meine Mutter war von Bern herübergekommen. Am Dienstag abend sass ich mit meinem Sohn im Arbeitszimmer. Wir sprachen über Theologie. So wie mein Vater einmal versucht hatte, mich zu überreden, Pfarrer zu werden, versuchte ich nun meinen Sohn zu überreden, nicht Pfarrer zu werden. Beide Versuche endeten erfolglos. Gegen ein Uhr ging ich ins untere Haus, vom Hündchen begleitet. Ich war müde. Ich kleidete mich aus. Auf dem Klo kam der Schmerz. Überfallartig. Ich glaubte zuerst an Sodbrennen, nahm Ebimar, ging zu Bett, das Hündchen kuschelte sich an meinen Hals, seine Wärme tat mir wohl, obgleich der Schmerz stärker wurde.

Ich erhob mich, ging zur Bibliothek hinunter, holte mir den *Wendepunkt* von Klaus Mann – ein Buch, das mich einmal gelangweilt hatte –, um eine Stelle zu überprüfen, die einige Tage zuvor Peter Bichsel erwähnt hatte. Das Hündchen begleitete mich. In mein Schlafzimmer zurückgekehrt, legte ich mich wieder hin. Das Hündchen kuschelte sich an mich. Der Schmerz wurde brennender. Ich versuchte, mich durch Lektüre abzulenken, das Buch sagte mir nichts. Ich ärgerte mich, nicht ein anderes geholt zu haben, und hatte die Kraft nicht, ein anderes zu holen. Mein Leib war gebläht. Ich ging immer wieder ins Badezimmer, sass auf dem Klo. Das Hündchen folgte mir ängstlich, unruhig. Dann lag ich wieder im Bett, von der Brustmitte bis unter das Kinn war der Schmerz schneidend, die linke Achsel schmerzte, auch der linke Arm, die linke Hand kribbelte. Das Hündchen rutschte nach oben, als wollte es nicht auf meiner linken Schulter lasten. Ich wusste, dass ich einen Herzinfarkt hatte, aber ich las ruhig im Buch weiter, das mich nichts anging, stur – ich hätte ebensogut das Telefonbuch lesen können –, den kleinen Kopf des Hündchens an meine Wange geschmiegt. Manchmal ging ich im Schlafzimmer auf und ab, der Schmerz füllte mich so unerbittlich aus, dass ich mich gleichsam auf ihn konzentrieren musste, um am Leben zu bleiben. Ich war vollkommen teilnahmslos, nahm kaum das Hündchen wahr, das, wenn ich im Zimmer auf und ab ging, sich in der Mitte des Zimmers niederliess. Es fiel mir nicht ein, meine Mutter zu wecken, die nebenan schlief. Ich hatte sie vergessen, auch meinen Sohn im oberen Haus rief ich nicht an, auch ihn hatte ich vergessen. Ich kam einfach nicht darauf. Nur dass ich meine Frau nicht mehr sehen würde, war traurig, wenn ich auch zu apathisch war, traurig zu sein. Es fiel mir ein, es sei eigentlich am schönsten, sich auf französisch zu verabschieden. Dann langte ich wieder zum Buch, etwas verwundert über meine offenbar letzte Lektüre – was ging mich Klaus Mann an? –, stellte fest, dass sich Peter Bichsel geirrt hatte, las trotzdem mechanisch weiter, um den Schmerz zu betäuben. Sterben hatte ich mir anders vorgestellt. Gegen halb sieben schlief ich ein, um halb acht wachte ich auf, die Schmerzlosigkeit weckte mich. Das Hündchen lag zusammengerollt neben mir. Ich dehnte mich, glücklich: falscher Alarm. Ein unbeschreibliches Gefühl von Gesundheit durchflutete mich, als plötzlich der Schmerz auf mich niederbrach, mit voller Gewalt. Es war, als würde meine Brust von einem Messer zerfleischt, doch im gleichen Augenblick wurde ich aktiv, vielleicht weil es gegen diesen Schmerz keinen Schutz gab. Ich nahm das Telefonbuch, versuchte einen Arzt zu finden, ein Name schwebte mir vor, ich wusste ihn nicht mehr. Ich telefonierte meinem Sohn, er solle mich zu einem Arzt bringen, zu irgendeinem, ich kleidete mich an; ging hinunter, vom Hündchen begleitet. Das Dienstmädchen war aus den Ferien zurück, schaute mir angstvoll entgegen: Ich sei krank, schrie ich es an – sinnlos –, wo mein Sohn sei. Er wartete schon im Wagen, führte mich in die Stadt. Es war nicht leicht gewesen, einen Arzt zu finden, die meisten waren noch in den Ferien, und schon lag ich auf der Untersuchungsliege: Elektrokardiogramm, Blutentnahme, langes Herumtasten und -drücken am Unterleib, endlich bekam ich den Bescheid: Magenentzündung, das sei jedoch nicht das Bedenkliche, meine Leber sei geschwollen, bei 600 Blutzucker, ein Sanatorium sei dringend zu empfehlen. Das einzige gesunde Organ sei mein Herz. Eine unbändige Freude erfasste mich. Der Schmerz hatte zwar noch nicht nachgelassen, aber der Arzt verschrieb mir ein Mittel, ich kaufte gleich zwei Flaschen einer milchigen Flüssigkeit, Maloxon, mit dem Zucker würde ich schon fertig werden. Zu Hause ging ich erleichtert zu Bett. Das Hündchen schmiegte sich wieder an mich. Der Schmerz blieb. Ich trank eine Flasche der milchigen Flüssigkeit aus, schlafen konnte ich nicht. Am Abend ging ich ins obere Haus, ich wollte, um mich abzulenken, im Fernsehen «Mit Schirm, Charme und Melone» sehen. Das Steigen machte mir Mühe. Ich ging wieder mit dem Hündchen ins untere Haus. Mit meiner Mutter versuchte ich ein Gespräch – die zweite Flasche Maloxon in Angriff nehmend –, meine Mutter war gut gelaunt, ich hatte ja nur eine harmlose Magenverstimmung. Das Hündchen lag auf meinem Schoss, während meine Mutter vom Tod meiner Grossmutter erzählte, lachend berichtend: Ich sei, dreijährig, zu ihr gekommen, besorgt, die Grossmutter komme nicht in den Himmel, sie sei zu dick, sie werde sicher im Kamin steckenbleiben. Indem sie so plauderte, dachte ich an Varlin, wie er mich mit dem Hündchen auf dem Schoss gemalt hatte, kaum dass ich meiner Mutter zuhörte. Ich ging mit dem Hündchen zu Bett, nahm Valium und Peroben, der Schmerz liess nach, nur noch hin und wieder ein Brennen, ich schlief ein, das Hündchen an mich gekuschelt. Am nächsten Tag wachte ich ohne Schmerzen auf, blieb bis gegen Mittag liegen. Beim Mittagessen war ich so schwach, dass ich kaum den Löffel zu heben vermochte, ich wurde nun doch stutzig. Ich versuchte meinen Arzt in Bern anzurufen, er war mit seiner Familie in den Ferien, das Spital wollte mir seine Adresse nicht geben, plötzlich ahnte ich, wo ich ihn erreichen konnte. Es war eine Eingebung, am Abend hatte ich ihn am Telefon. Er sagte, mein Sohn solle mich morgen in die Praxis nach Bern fahren. Mein Sohn führte mich hin, ich nahm nichts mit – ich war immer noch von der Diagnose des Neuenburger Arztes überzeugt –, das einzige , was ich befürchtete, war eine Erhöhung der täglichen Insulineinheiten. Der Arzt, ein Freund seit langem, untersuchte mich, stellte zuerst meinen Blutdruck fest, sagte entgegen seiner Gewohnheit kein Wort, entnahm mir Blut, gab es seiner Laborantin, bereitete das Kardiogramm vor, sein Schweigen bewahrend, dann schnitt er das Kardiogramm zurecht, legte die verschiedenen Abschnitte auf eine Kommode, betrachtete sie, sagte: «Komm.» Ich erhob mich, ging zu ihm, starrte verständnislos auf das Kardiogramm, fragte: «Nun?» «Herzinfarkt», antwortete er. Dafür war der Zucker in Ordnung. Die Diagnose war ein Schock. Der Arzt handelte kaltblütig: Wenn ich schon drei Tage überlebt hätte, könne ich nun ganz gut zu ihm nach Hause zum Mittagessen kommen. Ich ass nur wenig. Nachher ging mein Arzt mit mir in die Stadt. Er spielte den Unbesorgten, aber ich spürte wie er mich beobachtete. Wir betraten eine Buchhandlung. «Such dir Bücher für sechs Wochen aus», forderte er mich trocken auf. Ich wählte *Fischers Weltgeschichte*, dreissig Bände, worauf wir mit einem Taxi ins Spital fuhren. Ich fühlte mich elend und niedergeschlagen. Mein Sohn war inzwischen nach Neuchâtel gefahren und mit dem Nötigen schon wieder zurück, unter anderem auch einige Bände Proust, ich hatte ihn bis jetzt nie zu Ende lesen können. Später brachte er auch ein Harass von den besten Flaschen meines Kellers. Die erste Nacht verlief unruhig, der Arzt wurde wieder an mein Bett gerufen. Obgleich niemand wusste, wo sich meine Frau und meine Tochter in den USA aufhielten, waren sie zwei Tage später bei mir. Meine Frau hatte zufällig in Chicago das Swissair-Büro aufgesucht und auf die Nachricht meiner Erkrankung hin meinen Arzt angerufen, auch war schon alles für ihren Rückflug vorbereitet worden. Die langen Wochen im Spital begannen, ein verbissener Kampf, meine Aktivität wiederzugewinnen, die unseligen Besuche von Schriftstellern, die nicht begriffen, dass sie mich in meinem Zustand nicht zu interessieren vermochten, weder ihr Schreiben noch meines, dass ich mich aus Selbstschutz selber unterhielt, um mich nicht noch mit ihnen beschäftigen zu müssen. Von der *Fischer Weltgeschichte* las ich zuerst Band 16, «Zentralasien», es schien mir am besten, möglichst Unbekanntes zu lesen. Proust erwies sich als ungeeignete Lektüre: Ich las mich in eine wahre Animosität gegen das Ich hinein, das sich als Proust ausgibt. Endlich, nach Neuchâtel zurückgekehrt, fuhr mich meine Frau nach Schuls im Unterengadin. Es war Juni, auf dem Vorarlberg Schneegestöber. Das Hotel lag mitten im Dorf. Ich rappelte mich nur mühsam auf. Die Schwierigkeiten, die sich das Basler Theater selber bereitete, begannen bis nach Schuls vorzudringen. Frisch, der mich schon in Bern besucht hatte, hielt sich in Tarasp auf. Unseren letzten Abend, den wir zusammen verbrachten, hat er in seinem *Tagebuch* festgehalten: «Es stimmt nicht, dass er nicht zuhören könne. Als der Wirt in Schuls sich an unseren Tisch setzt und einiges zu melden hat (wie die Bündner etwa einen Aga Khan ausnehmen) und dann allerdings nur noch quatscht, ist Friedrich Dürrenmatt ein Herkules im Zuhören; es kommt auf den Partner an.» Schade, dass Frisch nicht auch zuhörte. Zwar habe ich die Geschichte mit dem Aga Khan vergessen, aber nicht, was der Wirt von den Unterengadinern in Schuls erzählte, so von einem Schreiner, von dem der Wirt glaubte, er sei der einzige, der nur Romanisch zu sprechen vermöge und kein Deutsch verstehe. Er fand ihn eines Morgens, wie er, auf einem Schemel stehend, die Handflächen gegen ein Stück Decke presste. Der Wirt fragte auf romanisch, was der Schreiner denn mache. Dieser liess die Hände von der Decke, schaute nach oben und sagte auf deutsch: «Gott gebe, dass es klebe.» Dann vom Schemel heruntersteigend, fügte er bei, indem er wieder zur Decke hinaufblickte: «Und Gott gab, dass es klab.» Nach diesem Abend sollte ich Frisch acht Jahre nicht mehr sehen, wir begegneten uns erst wieder bei Varlins Beerdigung. Im Juli kehrten meine Frau und ich nach Neuchâtel zurück. Irgendwann wohl in diesem Sommer besuchte mich André noch einmal, noch einmal hörten wir Musik, meine Frau lachte über unser Schweigen. Kurze Zeit darauf ist er gestorben, die Umstände sind mir noch wirr und widersprüchlich in der Erinnerung. Er rief mich an, er sei in Barcelona gewesen, im «Ritz», und habe einen Schwächeanfall erlitten, darauf habe er den Champagner entdeckt, der habe ihn geheilt, es sei ihm oft schwer auf der Brust, doch der Champagner nehme ihm die Schwere. Ich ahnte, dass ich zum letzten Mal seine Stimme hörte. Yvonne kam in ein Altersheim in Bern. An den verlassenen Stammtisch bin ich kaum mehr gegangen, meist sassen fremde Leute dort. So blieb uns nur noch der Maître. Einmal war ein Brief von ihm gekommen, er war nicht zu entziffern, vielleicht wollte ich ihn auch nicht entziffern können. Einmal hatte ich ihn in Venedig gesehen, wir gingen aneinander vorbei. Er ist ein Charakter, ich bin ein Charakter, und so verloren wir fast dreissig Jahre vor lauter Charakter viel aneinander. Dass die Rechnung zu meinen Gunsten aufgeht, gebe ich zu: Ich verdanke ihm viel, er mir nichts. Dank seiner Einsicht, dass man dort lebt, wo man wohnt, und um seinem Leben, das wie jedes Leben ohnehin flüchtig ist, einen gewissen Anschein von Dauer zu geben, liess er das Vallon de l'Ermitage unberührt und verkaufte kein Bauland. Noch ist es das Tal für die alten Leute vom Heim an seinem Eingang, für Sonntagsspaziergänger und für Verliebte geblieben; und die steile Matte unter meinen Häusern habe ich, um Spekulationen zuvorzukommen, erworben. Aber die Zeit ist mächtiger als der Mensch und seine Absichten. Schon musste ich einige Bäume fällen, die ich einmal gepflanzt habe. Zwar entwickelte sich die Stadt den See entlang und über dem Kantonsspital gegen den Chaumont hinauf, aber Veränderungen künden sich auch für das Vallon an. Die Stadt plant Grandioses: sie möchte nicht nur wie jede Schweizer Ortschaft ihren Autobahnanschluss, sondern auch eine Autobahndurchfahrt; warum ist nicht auszumachen. Gegen Biel hin ist die Ebene zwischen dem Neuenburger See und dem Bieler See schon durch eine Autobahn verschandelt worden, die eigentlich sinnlos ist, da sie im Bernischen in eine Autostrasse mündet. Es ist, als ob Neuchâtel, dessen Reiz es ist, die Gegenwart verpasst zu haben, die Zukunft nicht verpassen möchte. Doch, um gerecht zu sein, wurde nur eine verschandelte Gegend doppelt verschandelt: Jahre vorher wurde in der Ebene zwischen den beiden Seen die Raffinerie Cressier errichtet mit jenem Sinn, der die Schweizer im allgemeinen auszeichnet: an den gefährlichsten Stellen das möglichst Gefährlichste zu errichten. Der Kanal zwischen dem Neuenburger und dem Bieler See führt je nach Pegelstand das Wasser auch noch in den Murtensee oder umgekehrt, endlich, nach einigem Hin und Her fliesst alles in die Aare: Cressier ist eine von den vielen tickenden eidgenössischen Zeitbomben. Nun wird die Autobahn, die schon an der Raffinerie vorbeiführt, bei St-Blaise unterbrochen. Sie setzt sich erst hinter Neuchâtel fort. In der Hoffnung, in zehn Jahren einmal Yverdon, ja Lausanne zu erreichen, kann man auf ihr fast bis Boudry rasen, 12 km etwa, mit pompösen Anschlüssen für die Weindörfer, diese gleichsam unter Quarantäne stellend, nimmt sie dort ein jähes Ende. Dem Projekt steht offensichtlich die Stadt im Wege. Für die zehn Minuten, die man im Spitzenverkehr braucht, zweimal am Tage, sie zu durchqueren, beschloss man sie zu untertunneln. Damit wird die Stadt gleichsam verschwinden, muss ich doch ohnehin jedesmal im Ausland umständlich erklären, wo Neuchâtel liegt. Bald wird der Fremde unter der Stadt hindurch- und an ihren Gestaden vorbeisausen, ohne Neuchâtel zu bemerken. Die Planer gingen behutsam vor. Zuerst schütteten sie das Seeufer auf unter dem Vorwand, dort die Autobahn zu bauen, und in der Gewissheit, die Bevölkerung würde sich zur Wehr setzen. Sie setzte sich zur Wehr. Das neugewonnene asphaltierte Gelände dient als Parkplatz, der sich zwischen Stadt und See schiebt. Dann liess man den Bundesrat in Bern sich für den Tunnel entscheiden, den die Planer in Neuchâtel wollten: Wenn sich überhaupt etwas planen lässt, dann durch unsere obersten Behörden – sind sie doch ohnehin dabei, das Volk der Hirten in ein Volk der Maulwürfe zu verwandeln. Im Vertrauen auf ihr Funktionieren begann man zu sondieren, überall bohrte man, und weil ein Autobahntunnel auch einen Kamin braucht, die Gase abzuziehen, wurde dieser im Wald, in der Nähe meines Hauses, über dem Vallon de l'Ermitage geplant. Doch das Tälchen ist beliebt. Es bildete sich gegen den Abgaskamin ein Komitee, und eines Tages versammelten wir uns auf dem Felsen, etwa fünfzig Männer. Das Wetter war unfreundlich, regnerisch und kalt. Wir standen auf dem Rocher de l'Ermitage, zu unseren Füssen mein Anwesen, das Tal, die Stadt, der See, über den sich die Regenwolken wälzten. Der Stadtingenieur und der Vertreter einer Zürcher Firma, die den Tunnel zu bauen hatte, erläuterten ihren Plan. Über meinem Wohnhaus flatterte eine kleine Fahne, scheinbar tief im Wald. Da es regnerisch sei, meinte der Stadtingenieur, wäre es eine Zumutung, dorthin zu gehen, deshalb habe er auch die Versammlung auf dem Felsen organisiert, von hier aus sei der Überblick am besten, die Fahne sei sichtbar, alle könnten sich überzeugen, der Standort sei abgelegen und störe niemanden. Doch liess sich die Versammlung nicht abschrecken, man sei nun einmal zusammengekommen und wolle den Standort des Kamins besichtigen. Der Stadtingenieur musste nachgeben. Wir stiegen die Steinstufen hinunter, die zum Felsen hinaufführen, und gingen auf einem schmalen Waldweg zum Ort, wo der Kamin geplant war. Wir standen in einer kleinen Lichtung, in deren Mitte die Stange mit der Fahne errichtet worden war. Um die Fahne herum waren kleine Büsche und Stauden, und bei jedem dieser Gewächse ein braun angestrichener Pflock, auf dessen abgeschrägter Oberfläche auf einer grünen Tafel der botanische Name des Gebüsches oder der Staude geschrieben stand. Zwei

Männer in einem blauen und in einem weissen Trainingsanzug kamen den Waldweg entlanggerannt, Jogger, der Waldweg gehört zu einem Vita-Parcours. Der Stadtingenieur wurde unsicher, der Kamin sei noch nicht endgültig beschlossen, auch sein Standort nicht, es dauere noch Wochen, bis sein Standort bestimmt werden könne, aber das Projekt des Strassentunnels müsse der Bevölkerung vorgelegt werden können. Ein Notar warf ein, zum Projekt des Strassentunnels gehöre das Projekt des Abgaskamins, wenn diese beiden Projekte nicht gleichzeitig der Bürgerschaft vorgelegt würden, könnte der Kamin gebaut werden, ohne die Bevölkerung zu fragen. Der Stadtingenieur fragte, ob der Notar etwa der Behörde misstraue. Der Notar antwortete, er misstraue prinzipiell jeder Behörde, und ein Professor für Geologie schlug vor, den Abgaskamin bei der Carrière de Tête plumée zu errichten. Er war der einzige, der etwas von diesem Steinbruch wusste. Es gab am Südhang des Chaumont deren viele, aus ihnen wird der Jurastein geschnitten; erreicht der Steinbruch eine bestimmte Grösse, wird er stillgelegt. Auch der Steinbruch, zehn Minuten von meinem Haus, ist stillgelegt. Einer der heimlichen Herrscher lagert seine Riesenmaschinen darin. Aber nun wollten alle die Carrière de Tête plumée sehen. Sie sei ganz in der Nähe, sagte der Professor, man könne mit dem Wagen zu ihr gelangen. Es wäre nicht nötig gewesen, die Carrière de Tête plumée befand sich kaum fünfhundert Meter über meinem Haus im Wald. Ich hatte sie nur nie bemerkt, weil ein schlecht asphaltierter Weg zu ihr führt und ich bei meinen Waldspaziergängen mit meinen Hunden geteerte Wege hasse, ich spüre gern den Waldboden. Die Autokolonne hielt. Ich steuerte meinen Wagen in einen Seitenweg und folgte mit meinem Rechtsanwalt den Männern, welche die Strasse nun zu Fuss weiter hinanstiegen. Um sie nicht zu steil werden zu lassen, hatte man eine Mauer gebaut, über welche die asphaltierte Strasse führte, dem Aussehen nach eine Art Rampe, nach der Mauer vermochte sich die Strasse dem kegelartigen Terrain wieder anzupassen. Dass die Autokolonne jedoch angehalten hatte, lag daran, dass nach der Mauer die Strasse mit einer Eisenstange versperrt war, die als Barriere diente, neben der Barriere stand ein zerfallener Schuppen. Die Eisenstange liess sich nur mit einem Schlüssel heben, was zur Folge hatte, dass die Mannschaft der Lastwagen – besass sie den Schlüssel nicht oder hatte sie ihn vergessen oder war sie zu faul weiterzufahren – den Abfall über die Mauer in den Wald kippen liess; der hässliche Abfall machte denn auch die Mauer beinahe schon unsichtbar. Wir umgingen die Barriere, die nur die Wagen am Weiterfahren hinderte, folgten der nun schwarz und unordentlich geteerten Strasse, die eigentlich diesen Namen nicht mehr verdiente, es schien, als sei von oben her Teer heruntergeflossen, links von uns Wald, totes Gehölz, abgestorbene, von Efeu erstickte Bäume, zu unserer Rechten lagen Haufen von gelbem Neuenburger Gestein, dazwischen immer wieder Teer, Asphaltplatten, Plastik, Altmetall, in wildem Durcheinander, vor uns am Horizont, dem wir entgegenstiegen, einzelne Lärchen vor dem wolkenverhangenen, regennassen Himmel. Dann waren wir oben und befanden uns am Rand eines Kraters, ein Eindruck, der dadurch entstand, dass das südliche Ende des Steinbruchs, den man aus dem Bergrücken geschnitten hatte, von einem aufgeschütteten Erdwall abgeschlossen worden war. Vom Westen heraufgestiegen, standen wir dort, wo sich der Erdwall wieder mit dem natürlichen Terrain vereinigte. Uns gegenüber lag die Ostwand des Steinbruchs, nackter Jurafels, weisser Kalkstein in parallelen Schichten, geneigt wie der Bergrücken, als wären dicke vergraute Teppiche aufeinandergelegt, die Nordseite des Steinbruchs war ebenfalls aus nacktem Jurafels, und darüber war eine Betonrampe errichtet, auf der ein orangefarbenes Ungetüm von einem Tankwagen stand, umgeben von Müllarbeitern in orangefarbenem Schutzanzug, aus dem Tankwagen schoss ein gewaltiger schwarzer Dreckstrahl über die Betonrampe und über den weisslichen Jurafelsen ins Kraterinnere zu unseren Füssen. Es war, als ob ein Dinosaurier an Durchfall litte: Die Scheisse prasselte in einen schwarzen öligen See, besät mit Plastikflaschen. Eine merkwürdige Andacht hatte sich über die Männer gesenkt. Der Anblick war allen genierlich. Der Steinbruch war die Abfallgrube von Neuchâtel. Die Deponie: Solche Orte touchieren jeden Patriotismus. Was die Strassenarbeiter aus der Kanalisation oder aus den Senklöchern pumpten, kam in dieses anrüchige Riesenloch hinein, wohl auch der Klärschlamm der Kläranlage, früher auch die Heizölrückstände, die noch jetzt nicht versickert waren. Langsam sinterte diese dunkle Dreckbrühe zwischen den Felsschichten hinab, auf denen weiter unten mein Wohn- und Arbeitshaus standen, und frass sich dem See entgegen, an dessen Steinhängen und aufgeschütteten Ufern die Stadt liegt. Wir kehrten schweigend heim. Als ich einmal später wiederkam, stieg eine Wolke grosser schwarzer Vögel auf, Krähen, Blutgeruch hing über der Deponie. Sie stank nach Mord. Ich warf einen Stein in die schwärzliche Brühe, er versank langsam, Luftblasen bildend, es formte sich ein träger Strudel, der sich rötlich färbte. Vom Rande der Deponie aus war der See bis weit gegen Yverdon zu sehen, eine idyllischer gelegene Deponie liess sich kaum vorstellen. Und wenn ich diesen Ort immer wieder besuche und ihn Freunden zeige, so nur, weil mich dann die Erinnerung an das Dorf überfällt, in welchem ich aufgewachsen bin. Wir Kinder hatten oft in seiner Abfallgrube gespielt, die rostigen Speichen, die verrotteten Milchkessel, die zerbrochenen Nähmaschinen usw. verwandelten sich in phantastische Spielzeuge, und abends liebte ich es, mit dem Velo meines Vaters bei untergehender Sonne dorthin zu fahren, am alten Friedhof vorbei, über die Brücke, am neuen Friedhof vorbei; noch war dort noch kein Haus, ein Feldweg führte in die Ebene zur Abfallgrube; ich bildete mir ein, in einem Schiff über einen unermesslichen Ozean zu gleiten, redete laut vor mich hin, fuhr wieder zurück und wieder heran, bis die ersten Sterne sichtbar wurden, und dann fuhr ich nach Hause. Und wie ich nun da stand, zum erstenmal, am Rande dieses verlorenen Kraters, angefüllt mit diesem widerlichen Brei von Fäkalien und Klärschlamm, hineingesenkt in den Wald über meiner Wohn- und Arbeitsstätte, wusste ich erst, ein Vierteljahrhundert nachdem es mich in diese Gegend verschlagen hatte, an diesen See und über diese Stadt, wo ich eigentlich lebe. Ich wusste noch mehr: Der Schauspieler Hans Christian Blech erzählte mir einmal, er sei im Zweiten Weltkrieg in Russland beim Vormarsch der deutschen Armee einer Strafkompanie zugeteilt gewesen. Eines Spätnachmittags, vorgestossen ins Leere, ohne Nachschub, sei er in der anbrechenden Dämmerung allein losgezogen, Nahrung aufzutreiben. Ein Bauer habe ihn in einen Wald gewiesen, wo er eine Lichtung voller Eierschwämme gefunden habe, noch nie habe er so viele Pilze gesehen; vollbepackt mit Eierschwämmen sei er zur Strafkompanie zurückgekehrt. Zwei Jahre darauf, beim Rückzug der deutschen Armee, sei er wieder um die gleiche Jahreszeit in die Nähe dieses Waldes gekommen, er habe sich wieder aufgemacht, die Lichtung zu finden, die Lichtung sei umzäunt gewesen, und über dem Eingangstor war «Katyn» geschrieben, der Name des Waldes, in welchem Stalin die polnischen Offiziere zu Tausenden ermorden liess. Daran müsse er immer denken, sagte der Schauspieler, wenn er den Woyzeck spiele und zur Stelle komme, wo er zum Arzt sagen müsse: «Die Schwämme Herr Docktor. Da, da steckt's. Haben Sie schon gesehn in was für Figurn die Schwämme auf dem Boden wachsen? Wer das lesen könnt.» Jetzt können wir diese Figuren lesen. Durch die Assoziationen, die sie hervorrufen. Die Abfallgrube meines Dorfes konnte noch durch die Kinder in einen Spielplatz verwandelt werden, die riesige Deponie oberhalb des Vallon de l'Ermitage nicht mehr. Die Abfallgruben meiner Jugend sind nicht mehr jene von heute. Diese sind Zeichen, die andere Assoziationen erwecken, Bilder von Mordtaten, Visionen von Menschendeponien wie Auschwitz. Die Figuren der Schwämme sind zu den Figuren geworden, welche die Menschen auf der Erde hinterlassen werden: Atommülldeponien als die einzigen Zeugen, dass es den Raubaffen Mensch einmal gab. Erst wenn jene zerstrahlt sein werden, wird der Planet, der uns geschenkt worden war, um uns hervorzubringen, wieder jungfräulich sein.

Nachschrift 81: Der Winter tat weder den neuen Schäferhunden noch mir gut. Der Schnee kam zu früh, blieb liegen, vereiste. Die Rehe kamen schon zur Zeit meiner Spaziergänge den Wald herunter, der Rüde – er ist seit drei Jahren bei uns – musste an die Leine, die Hündin – gleich alt wie der Rüde und nur wenige Wochen länger bei und – liess ich frei: Sie ist zu verspielt, den Rehen gefährlich zu werden. Die Polizei war anderer Meinung. Ich liess die Spaziergänge bleiben. Das Eis und der aufgeregte Hund an der Leine machten sie zu mühsam. So befand ich mich denn an meinem sechzigsten Geburtstag nicht in besonders guter Verfassung, auch war ich verlegen, dass Neuchâtel mich feierte, doch spürte ich plötzlich, dass ich ein Neuenburger geworden war, man ist nicht ungestraft die Hälfte seines Lebens in einer Stadt. In Zürich, für dessen Schauspielhaus ich geschrieben und gearbeitet hatte und wo sich doch die meisten meiner Freunde befinden, fühlte ich mich fünf Tage später durchaus nicht als Zürcher. Ich hatte mich nie als solcher gefühlt, auch als Stadtberner nicht oder als Basler, auch war das Schauspielhaus von Polizisten bewacht, draussen hatten sich die «Jugendlichen» formiert, waren doch der Staats- und der Stadtpräsident anwesend. So feierte man mich denn eingeschlossen, unter Quarantäne. Ging es in Zürich offiziell zu, so in Neuchâtel familiär. Nicht nur, dass der Enkel jenes Pfarrers – zu dem ich vor mehr als vierzig Jahren in sein Ferienhaus nach La Tourne geradelt war, wobei ich zum erstenmal Neuchâtel durchquerte – zu Beginn Bachs «Chromatische Fantasie und Fuge» spielte, auch der Konolfinger Jodlerchor passte plötzlich in seiner Selbstverständlichkeit besser zu mir als in Zürich die Aufführung des *Romulus*. Beim Spiel des jungen Pianisten dachte ich daran, wie ich seinen Grossvater zum letzten Mal gesehen hatte: Er war von Rochefort nach Zürich übergesiedelt und lag sterbend in einem kahlen Parterrezimmer gegen die Strasse hinaus in irgendeinem gespenstischen kleinen Spital; und bei den Konolfingern dachte ich, ob wohl einer von ihnen einer jener stämmigen Bauernburschen gewesen sei, die mich damals verprügelt hatten und verprügeln konnten, da sie älter als ich waren, und dann kam mir in den Sinn, dass ich jetzt ja älter war als die weitaus meisten von den Jodlern mit ihrer hellbeigen Tracht und den schwarzen flachen Hüten und dass nur einige gleich oder fast so alt wie ich sein konnten. Als sich der Saal der Cité universitaire, in welchem die Feier stattfand, langsam geleert hatte, bemerkte ich in der hintersten Reihe einen Greis, den ich nicht wiedererkannte, so hatte er sich verändert. Es war der Maître. Ich ging zu ihm. «Je suis un encore là», sagte er. Später ging ich mit dem Rektor und einigen Bekannten zur Stadt hinauf, nach der Feier hatte die Behörde bei Liechti im «Rocher» ein Essen vorbereiten lassen. Mein Arzt aus Bern begleitete mich, wir stiegen eine Treppe gegen den Bahnhof hinauf, die kein Ende zu nehmen schien, ich spürte beim Arzt die gleiche Besorgnis mir gegenüber wie damals, als er mich zur Buchandlung begleitete, meine Lektüre für den Spitalaufenthalt auszuwählen. Bei Liechti, wo die anderen schon versammelt waren, traf ich den Maître wieder. Er war auf meinen Wunsch eingeladen worden, doch er bestand darauf, die Stadt hätte ihn eingeladen. «Nous payerons quand-même», stellte er fest. Dann blieb er bis gegen elf. Ein Freund Liechtis, ein Wirt, bei dem ich bisweilen esse, brachte ihn nach Hause. Ich verabschiedete mich: «Au revoir, Maître.» Und er sagte: «Le Maître, c'est vous, car je ne suis qu'un centimètre.» Das erste Mal, dass er untertrieb. Als ihn der Wirt nach Hause geführt hatte, befahl der Maître dem Wirt hineinzukommen. Der Wirt, ein gemütlicher Deutschschweizer, gehorchte. Der Maître setzte sich in seiner Halle in einen Lehnstuhl, legte die Füsse auf einen Sessel und befahl: «Enlevez-moi les chaussures!»

Fotografien / Photographies

Thomas Flechtner

Thomas Flechtner ist freischaffender Fotograf und lebt in La Sagne im Neuenburger Jura. Er arbeitet u.a. regelmässig für die Kulturzeitschrift «du». Seine letzten Arbeiten beschäftigen sich mit der von Le Corbusier entworfenen Stadt Chandigarh in Indien und mit La Chaux-de-Fonds mit dem Titel «Colder». Zur Zeit arbeitet er an einem grösseren Projekt mit dem Titel «Frozen/Walks».

Thomas Flechtner est photographe indépendant et vit à La Sagne, dans le Jura neuchâtelois. Il travaille notamment régulièrement pour le magazine culturel «du». Ses dernières œuvres, sont consacrées à la ville de Chandigarh du Corbusier, en Inde, et à La Chaux-de-Fonds, intitulées « Colder ». En ce moment, il travaille sur un grand projet intitulé « Frozen/Walks ».

Seite/page 41: Carrière de Tête plumée
Seiten/pages 42/43: Chemin du Pertuis-du-Sault

Friedrich Dürrenmatt : repères biographiques

1921 5 janvier : Friedrich Dürrenmatt naît à Konolfingen (canton de Berne). Il est le fils aîné de Reinhold et Hulda Dürrenmatt, née Zimmermann. Son père est pasteur.
1935 La famille déménage à Berne.
1937 juillet-août : voyage à vélo en Allemagne (Munich, Nuremberg, Weimar, Francfort).
1941 automne : maturité (langues anciennes). Dürrenmatt entreprend des études à Berne en privilégiant la littérature allemande. Premiers écrits. Il peint et dessine également.
1942 juillet : école de recrues. Il est libéré pour des raisons de santé et incorporé au service complémentaire, dans le cadre duquel il est envoyé, en 1944–1945, à Interlaken et à La Plaine près de Genève.
1942–1943 Deux semestres d'études à Zurich, où Dürrenmatt fréquente le cercle d'amis du peintre Walter Jonas.
1943–1946 Études de philosophie à Berne. Intention de rédiger une thèse sur « Kierkegaard et le tragique ».
1946 Dürrenmatt abandonne ses études et décide de se consacrer entièrement à la littérature. 11 octobre : il épouse la comédienne Lotti Geissler. En novembre, déménagement à Bâle.
1947 La création de la première œuvre dramatique *Es steht geschrieben* au Schauspielhaus de Zurich (19 avril) fait scandale dans le monde du théâtre. Naissance de son fils Peter.
1948 Déménagement à Ligerz, au bord du lac de Bienne.
1949 Naissance de sa fille Barbara.
1951 Naissance de sa fille Ruth. Dans la première moitié des années 50, les romans policiers *Le juge et son bourreau* et *Le soupçon*, que Dürrenmatt écrit pour le *Schweizerische Beobachter*, et ses pièces radiophoniques, jouées surtout sur les ondes allemandes, sont ses principales sources de revenus.
1952 Déménagement dans la propriété que Friedrich Dürrenmatt achète à Neuchâtel dans le Vallon de l'Ermitage (il y vivra jusqu'à sa mort ; au fil des ans, il fera construire deux autres maisons à côté de la première). Dürrenmatt perce en Allemagne avec *Le mariage de Monsieur Mississippi*.
1956 La pièce *La visite de la vieille dame* consacre sa réputation au niveau mondial. Dans les années qui suivent, il voyagera dans toute l'Europe pour assister aux représentations de ses pièces.
1957 Dürrenmatt reçoit le « Hörspielpreis » de l'Association des aveugles de guerre pour la pièce *La panne*.
1958 Prix Italia. Réalisation du film *Es geschah am hellichten Tag*, d'après un scénario de Dürrenmatt, et parution du roman *La promesse*.
1959 avril-mai : voyage à New York. Cure à Vulpera. Prix Schiller.
1960 Grand prix de la « Schweizerische Schillerstiftung ».
1962–1963 La pièce *Les Physiciens* fait de Dürrenmatt l'auteur le plus joué sur les scènes allemandes.
1964 janvier-février : voyage en Espagne et au Maroc. Juin : voyage en URSS et à Prague.
1967 Voyage à Moscou au 4e Congrès soviétique des écrivains.
1968–1969 Dürrenmatt assure la codirection des théâtres de Bâle avec Werner Düggelin. Prix Grillparzer. Adaptations de pièces de Shakespeare et de Strindberg.
1969 A la suite de plusieurs différends et d'une crise cardiaque, Dürrenmatt quitte le théâtre de Bâle. Au cours d'une cure à Vulpera, il commence à travailler sur *Stoffe – Die Geschichte meiner Schriftstellerei*. Voyage aux Etats-Unis, au Mexique et dans les Caraïbes. Il devient co-éditeur du nouvel hebdomadaire zurichois *Sonntags-Journal* (jusqu'en 1971). Grand prix de littérature du canton de Berne.
1971 Après s'être consacré pendant plus de 10 ans exclusivement au théâtre, Dürrenmatt publie à nouveau un récit intitulé *La chute*.
1972 Dürrenmatt décline l'offre du poste de directeur du Schauspielhaus de Zurich.
1973 Après l'échec de la comédie *Der Mitmacher*, Dürrenmatt s'intéresse de plus en plus à la prose.
1974 Voyage en Israël sur l'invitation du gouvernement israélien.
1975 Grave maladie, séjour prolongé à l'hôpital.
1976 Dürrenmatt expose pour la première fois ses tableaux à l'Hôtel du Rocher à Neuchâtel.
1977 Médaille Buber Rosenzweig. Les universités de Nice et de Jérusalem lui remettent un titre de docteur honoris causa.
1979 Grand prix de littérature de la Ville de Berne.
1980 Édition de l'œuvre en 29 volumes aux éditions Arche (en version reliée) et aux éditions Diogenes (en livre de poche). Dürrenmatt adapte la plupart de ses pièces. Il passe des éditions Arche aux éditions Diogenes.
1981 Titre de docteur honoris causa de l'université de Neuchâtel. Mars-juin : programme « Writer in Residence » à la « University of Southern California », à Los Angeles. Parution de *Stoffe I-III (La mise en œuvre)*.
1983 Décès de sa femme Lotti. Titre de docteur honoris causa de l'université de Zurich.
1984 Dürrenmatt épouse la cinéaste, comédienne et journaliste Charlotte Kerr. Il reçoit la médaille Carl Zuckmayer et le « Österreichische Staatspreis für europäische Literatur ».
1985 Prix Jean Paul. Dürrenmatt achève le roman *Justice* commencé en 1960.
1986 Prix Georg Büchner. Voyage en Sicile (« Premio Letterario Internationale Mondello »). Prix d'honneur du « Schiller-Gedächtnispreis » du Land de Bade-Wurtemberg.
1987 Forum de la paix à Moscou. Voyage en Turquie, en Italie et en Espagne.
1988 Prix Alexei Tolstoï. Dürrenmatt travaille une ultime fois pour le théâtre en mettant en scène *Achterloo IV* à Schwetzingen, en Allemagne.
1989 Dürrenmatt lègue l'ensemble de son œuvre littéraire à la Confédération suisse. Prix Ernst-Robert Curtius. Parution du roman *Val pagaille*.
1990 mai-juin : voyage en Pologne (Varsovie et Cracovie). Visite des camps de concentration d'Auschwitz et de Birkenau. Parution de *Turmbau : Stoffe IV-IX (L'Edification)*. 14 décembre : Dürrenmatt décède à Neuchâtel.

(Traduction : Natascha Muther Devaud)

Photo: Franziska Rast

Vallon de l'Ermitage

1980/83 (1964–1987)

Friedrich Dürrenmatt

Plus le temps avance, plus il resserre les mailles du filet dans lequel il nous prend : la première fille dont je sois tombé amoureux venait déjà de Neuchâtel. Elle s'appelait Claudine, ou peut-être tout autrement. Elle était belle. Je n'avais que huit ans, ou même sept, et mon amour n'était pas payé de retour. Je pestais contre mon âge, et c'est à vrai dire cette seule irritation qui reste dans mon souvenir, plus que l'objet de ma flamme, qui avait dix-sept, dix-huit ou vingt ans, et qui était une jeune femme. Elle séjournait chez nous durant les vacances, elle était habillée de blanc et se tenait dans notre jardin, assise à une table. Elle lisait. La table était proche d'un sapin sur lequel je grimpais, le regard avide. À Neuchâtel même, je n'arrivai qu'en juin 1940 ; les Allemands envahissaient la France. Je venais de Berne à vélo, et je me rendais à La Tourne, au-dessus de Rochefort, auprès d'un pasteur entouré d'une ribambelle d'enfants. J'étais censé améliorer mon français. Je n'y suis pas encore parvenu aujourd'hui. La route Berne-Neuchâtel a été élargie depuis, mais pour l'essentiel elle n'a pas changé (si l'on ne prend pas l'autoroute en direction de Morat). Il est vrai qu'à côté du vieux pont de bois de Gümmenen on en trouve maintenant un nouveau ; les tournants de Gurbrü n'existent plus, et dans la plaine, en direction de Chiètres, la rangée des peupliers a été abattue depuis longtemps. On ne retrouve pas non plus la vieille route qui de La Thielle gagne Saint-Blaise ; dans mon souvenir elle était très étroite et longeait des murailles étirées. De Neuchâtel même, telle qu'elle était alors, il m'est resté l'impression d'une route interminable, montante, c'était probablement la rue de l'Ecluse, qui se faufile entre la falaise du Château et le pied sud du Jura, en direction de Peseux et de Corcelles. La chaleur de midi était grande quand je poussais mon vélo dans la côte. Les dernières maisons de Corcelles sont toujours là aujourd'hui. Je ne me doutais pas que douze ans plus tard je reviendrais à Neuchâtel. Mon ascendance du côté maternel aurait dû me rendre méfiant sur ce point, mais je ne me suis jamais particulièrement soucié d'elle, elle était trop compliquée. Et c'est tout récemment que j'ai appris de la bouche de ma tante, la sœur de ma mère, âgée de quatre-vingt-dix ans, que ma grand-mère (qui avait épousé mon grand-père, veuf avec enfants, alors qu'elle était veuve avec enfants) venait de Neuchâtel, où elle avait atterri avec ses deux sœurs, et qu'un neveu de ma grand-mère avait émigré dans les Indes néerlandaises ; là-bas, il avait tenu la baguette d'un orchestre militaire, mais sa carrière artistique avait connu une fin brutale : vaincu par le mal du pays, il avait décidé de retourner à Neuchâtel. Sa femme, une autochtone, à l'issue de son concert d'adieu à Bandung ou à Surabaja, ou dans une quelconque ville javanaise, l'avait empoisonné. Le petit-neveu avait été manifestement très aimé, et par le détour de mon arrière-grand-père et de mon arrière-grand-mère maternelle, certains gènes qui hantaient sa personnalité trempent aussi dans la mienne, si l'on peut parler de tremper pour des gènes. Et il est pensable, si le chef d'orchestre a eu des enfants, que les mêmes gènes s'ébrouent encore à Java, dans d'autres individus. La légende est obscure, comme toutes les légendes. Dans sa préhistoire s'y mêle aussi une certaine famille d. P., qui pourrait être de Pury, comme le présume ma tante, qui a hérité d'objets portant ces initiales. Mais ce n'est pas seulement moi qui suis, peu ou prou, un produit neuchâtelois. Le long de la route Neuchâtel-Valangin, on trouve une des banques de sperme du pays. De grandes écuries bien propres, un bâtiment administratif, la salle d'attente pour les hôtes – dans la mesure où ce sont des humains – comme chez le dentiste. Des catalogues qui traînent. À l'extérieur, une exploitation agricole. Par la fenêtre pénètrent des cris primaux : une trentaine de puissants taureaux trottent dans une cour ovale, surmontée d'un toit ; un anneau dans leurs naseaux les rattache, par une chaîne, à un rail d'entraînement, sous le toit. Ils trottent ainsi durant une heure ; quand on les libère, les gardiens les conduisent dans un vestibule. L'appareil, avec son sac chauffé à 38°, ne ressemble guère à une vache, mais le taureau s'y trompe, le sac produit la chaleur d'un vagin bovin, cela ne dure que quelques secondes, hop ; on change l'éprouvette au-dessous du sac, et déjà c'est le colosse suivant qui fait sa monte, hop, jusqu'à ce que tous les taureaux se soient répandus, tandis qu'à l'extérieur d'autres animaux, meuglant sourdement dans leur cour ovale, sous leur toit, continuent de trotter. Après chaque saillie, l'éprouvette, avec son précieux liquide, est transmise par un guichet dans le laboratoire. Dans le vestibule, sous le commandement des gardiens, l'affaire est menée rondement et rudement, comme dans un énorme bordel technique ; on est à l'armée. Mais dans le laboratoire, l'atmosphère change. Les choses se passent cliniquement, scientifiquement, et non sans une dextérité toute féminine. Les laborantines, dans leur blouse blanche, sont impressionnantes : elles étiquettent les éprouvettes, enregistrent les numéros sur un protocole, prélèvent des échantillons de substance mâle, placent les plaquettes de verre sous le microscope, avec leur couche de spermatozoïdes fourmillants et frémissant de la queue, porteurs des gènes où sont programmées les qualités promises par le catalogue. Une éjaculation comporte 6,8 milliards de spermatozoïdes ; les laborantines vérifient qu'elle soit suffisamment riche pour être exploitable. Si le taureau reproducteur est en forme, et la semence louable, tout se passe, après le test, de manière entièrement automatique. Pour une fécondation artificielle, il faut 25 millions de spermatozoïdes (je cite de mémoire) et c'est ainsi qu'un taureau, en une pénétration dans le vagin artificiel, peut produire environ deux cent cinquante bœufs. Tandis que les laborantines et les appareils travaillent encore, les taureaux, une fois accompli le labeur quotidien, reposent commodément dans leurs stalles immenses ; on passe avec circonspection devant ces colosses, devant tant de puissance étalée. Cette prestation force un respect silencieux. Les écuries, d'ailleurs, ont quelque chose de nordique, qui ressemble au Walhalla, on s'y étendrait volontiers au flanc des héros. C'est à l'écart de ces puissants bâtiments que se trouve une petite étable, comme dissimulée, une sorte de cabane, plutôt. Là se tient un individu dont on ne recueille la semence que de loin en loin. Un bouc brun et barbu, vénérable comme les temps originels, puant comme la peste, que tout ensemble on admire et l'on évite, un mélange de Pan et de diable, un producteur de spermatozoïdes à qui, par un humain penchant pour les animaux, par une humaine compréhension de son caractère exceptionnel, on a donné une chèvre pour compagne ; et vraiment, ce couple m'apparaît comme Philémon et Baucis. Ce n'est pas loin de cette idylle que nous habitons maintenant depuis plus d'un quart de siècle, dans la partie supérieure d'une petite vallée, au-dessus de Neuchâtel. Nous avions été séduits par une lettre qui parlait d'une maison à vendre, « avec bibliothèque incorporée ». Lorsque nous avons emménagé, le menuisier travaillait encore dans la maison, le courant électrique n'était pas encore raccordé, et je fis cuire une soupe dans la buanderie. Le chemin qui passe devant chez nous grimpe le long de la lisière de la forêt de Chaumont puis disparaît dans les arbres. La petite vallée est fermée par une crête rocheuse appelée Rocher de l'Ermitage, d'où son nom. A son pied se creusent plusieurs cavernes peu profondes, ou plutôt de larges niches, quelques-unes orientées vers la vallée, et dans lesquelles, durant les nuits d'été, les étudiants et les apprentis de commerce font la fête. Cela va bon train. Discours fougueux, chants, puis braillements. Les filles piaillent. Les plus sonores sont les Suisses alémaniques. Ils sont venus à Neuchâtel pour apprendre le français, et le résultat, c'est une espèce de sabir qu'on appelle « français fédéral ». Il arrive aussi que dans ces grottes un groupe religieux se fasse remarquer. On entend alors résonner : *« Jésus, sauve-moi »*, suivi d'Ave, de hosannas et d'amen longuement étirés. Une fois j'ai bramé : *« Jésus, donne-moi le silence »*, mais en pure perte. Dans une de ces cavernes, au XVe siècle, un certain Nicolas de Bruges doit avoir séjourné, faisant l'ermite. Manifestement, il ne fut occupé de dévotion que pour un temps, car il s'était gardé une maison à Neuchâtel, et fabriqua de la poudre à canon. La vallée elle-même n'a pas apporté grand-chose à l'Histoire. Que le cimetière juif s'y soit trouvé, c'est ce qu'un certain Abraham Amiest, en 1692, est en mesure de rapporter. Mais la pieuse reine Berthe, qui à la fin du IXe siècle à Payerne (alors Peterlingen) gouverna le royaume de Bourgogne, au-delà du lac de Neuchâtel, bannit les Juifs de la ville éponyme, *« sans jamais leur permettre d'y rentrer »*. Après la disparition du cimetière, les vignobles ont dû s'élever jusqu'au rocher, si l'on en juge par les murs de vignes écroulés. Quelques siècles plus tard, la petite vallée est échue aux de Merveilleux, qui à vrai dire s'appellent Wunderlich, et dont le premier ancêtre, Hans Wunderlich, était cuisinier du comte de Neuchâtel, vers 1430. De manière générale, la région semble susciter les gourmets : les premiers habitants de la rive du lac, dans les temps préhistoriques, avant l'arrivée des Celtes, doivent avoir été cannibales ; comme nous tous, d'ailleurs, dans la très sombre nuit des temps. Lorsque les comtes de Neuchâtel s'éteignirent, ce coin de terre revint à la maison Orléans-Longueville. Quand celle-ci s'éteignit à son tour, c'est le « roi en Prusse », Frédéric Ier, qui hérita en 1707 de la principauté, fort d'un avis de droit du philosophe Leibniz, mais également encouragé par la politique du chancelier neuchâtelois Georges de Montmollin ; un de ses descendants – il en a beaucoup – habite au bas de la vallée dont j'habite le haut. En 1848, Neuchâtel se libéra des Prussiens et se proclama République. Est-ce que l'inévitable résultat de cet ordre nouveau fut qu'elle « retomba dans la barbarie », comme le prophétisait un écrit publié à Berlin cette année-là ? Je ne me risquerai pas à trancher sur ce point : le Vallon de l'Ermitage est trop retiré. Au-dessous de notre jardin le terrain descend en pente raide ; le versant d'en face est couvert de forêts, mais notre vue, au-delà, porte jusqu'au lac. Plus loin encore, ce sont les campagnes fribourgeoises et vaudoises, des collines boisées qui s'élèvent jusqu'aux premiers contreforts des Alpes. De chez nous, par de claires journées d'automne ou d'hiver, ou lorsque le foehn souffle des Alpes, notre horizon va du Finsteraarhorn jusqu'au Mont-Blanc, en passant par la Blümlisalp, et l'on peut même reconnaître le Cervin, une pointe minuscule. Tous ces sommets sont une partie du massif qui jaillit de la mer de Téthys voilà 100 millions d'années, en poussées diverses et formidables, et dont la dernière a fait venir au jour le plateau et la chaîne du Jura. C'est sur le flanc sud de ce dernier que Neuchâtel et moi-même nous nous sommes établis. Si j'observe à la lunette les Alpes et leurs contreforts, plus vieux de quelques millions d'années, je peux repérer le clocher de Guggisberg. C'est de ce village qu'est originaire ma famille, et je suis toujours bourgeois de cette commune. La lunette que j'utilise dans ce cas-là est un grand Zeiss binoculaire, monté sur pied. J'y recours parfois pour observer les exercices de tir de l'aviation fédérale. Les cibles ont été disposées dans le lac, à environ vingt kilomètres, dans la région d'Estavayer. A travers la lunette, vous voyez une espèce de village sur pilotis, les Mirage passent en grondant au-dessus de moi, et je peux nettement voir l'impact de leurs tirs. Mais le plus souvent j'utilise ma lunette pour observer la lune et les planètes. J'y vois Jupiter et Saturne, comme piqués dans le ciel. Pour la chasse aux nébuleuses spirales, je recours à un télescope à miroir de vingt-deux centimètres, il ressemble à un canon primitif, un mastodonte. Lorsque des promeneurs du dimanche, du haut du rocher, se mettaient à lorgner vers moi avec leurs jumelles, je postais minutieusement mon instrument et je le braquais sur eux : du coup, les promeneurs quittaient en toute hâte leur lieu d'observation. C'était il y a bien des années. Entre-temps, notre jardin s'est étoffé. Lorsque nous nous sommes installés dans la maison d'habitation, ce jardin, comme les abrupts pâturages, jusqu'au rocher, étaient dépourvus d'arbres. Sauf quelques arbres fruitiers au sommet du jardin, côté montagne. Cerisiers, pruniers, cognassiers ; mais les oiseaux mangeaient les cerises et les prunes, la forêt était trop proche. Tout autour de la maison, des plates-bandes de légumes, bordées de pierres blanches du Jura, et qui ressemblaient à des tombes. Le propriétaire de la maison avait vécu du jardin et ne supportait aucun arbre autour de son logis, qui était exposé en plein soleil ; c'était un cube jaune avec un toit plat (le premier à Neuchâtel), genre haut-de-forme aplati. La maison était restée inhabitée durant deux ans. Elle était trop à l'écart pour les Neuchâtelois ; voilà ce que me disait le propriétaire qui me la vendit ; c'était pour m'amadouer. Mais à vrai dire je flairais un autre motif, et à peine étions-nous installés que ce motif apparut au grand jour : le toit n'était pas étanche. Nous consultâmes un architecte. Il fallait rénover cette toiture. Le coût se montait au dixième du prix d'achat de la maison. Comme je m'étais déjà saigné, je ne voyais pas comment entreprendre cette réparation. Dans l'attente des inondations à venir, quelques semaines après la création munichoise du *Mariage de Monsieur Mississippi*, je me trouvais dans un café, bien déprimé, lorsqu'un vieil homme massif se laissa tomber sur le siège d'en face, et se présenta aussitôt. D'après son nom, il devait être originaire de la même commune que moi, et de fait il venait aussi de Guggisberg. En outre, il sortait tout juste du pénitencier de Witzwil et jouissait de ses premières heures de liberté depuis plusieurs mois. Au cours de notre conversation, je lui racontai l'histoire du toit perméable. Or l'homme de Guggisberg avait été jadis entrepreneur. Est-ce qu'une porte conduit à ce toit ? demanda-t-il. Je répondis que oui. Est-ce que cette porte est pourvue d'un seuil en fer ? questionna-t-il encore – nous avions déjà commandé pour la deuxième fois trois décis de fendant. Je hochai de nouveau la tête affirmativement. Alors je vois le problème, dit l'homme de Witzwil. Il me réparerait ce toit, ça coûterait cinq francs. Nous bûmes pour la troisième fois trois décis de blanc, puis, à la droguerie Schneitter, il acheta pour cinq francs de mastic à bateaux, et nous nous mîmes en route pour la maison qui prenait l'eau. Avec un marteau, il travailla le béton qui se trouvait sous le seuil de métal, épuisa tout son mastic, et le toit fut étanche; il le demeura jusqu'à ce que je fasse rénover la maison treize ans plus tard. Encore aujourd'hui je suis reconnaissant à cet homme. Plus tard, nous commençâmes à mettre des fleurs, à réarranger de mille manières le jardin, à construire une piscine, une autre maison, dont j'ai fait mon lieu de travail. A la place des légumes poussèrent des fleurs, puis à la place des fleurs, des buissons et de nouveaux arbres, et maintenant, après plus de vingt-cinq ans, notre jardin est devenu une partie de la forêt. Mais ce n'est pas seulement notre jardin, c'est aussi le vallon tout entier qui se couvre de végétation. La forêt, au-dessus de chez nous, au-delà du chemin, semble être restée la même, mais les épicéas, les hêtres et les chênes qui la composent pour l'essentiel, ont grandi ; si l'on grimpe là-haut, c'est moins cultivé, plus sauvage qu'auparavant, et je ne parviens plus à y pénétrer qu'avec peine. Propriété privée. Au-delà du rocher, la forêt appartient à la commune. C'est à travers elle que me conduisent mes promenades quotidiennes, en compagnie, ces dix dernières années, de mes deux bergers allemands, avec lesquels je parle en dialecte bernois. Depuis trois ans c'est un nouveau couple, mais je n'ai pas changé les noms. La promenade est toujours la même : un trajet circulaire, dont il m'arrive de changer parfois le sens. En marchant, je travaille volontiers dans ma tête, à peine ai-je conscience d'être en forêt. Quelque part se trouve toujours le tronc pourrissant sur lequel je montai pour la première fois, tenant par la main mon fils qui n'avait pas encore cinq ans. Une forêt ne se transforme que de manière imperceptible, mais celle-ci s'est éclaircie durant ces trois dernières années. Comme si elle était perdue pour moi. Autrefois, je pénétrais avec mes chiens dans d'étroits sous-bois ; maintenant le terrain surgit à nu, des blocs erratiques frappent les regards, alors que je ne les avais jamais remarqués. A ces trouées, c'est à peine si je me suis habitué aujourd'hui. Cependant ce n'est pas seulement la forêt qui a changé, c'est aussi Neuchâtel, même si ce changement ne m'est apparu que progressivement. Quelqu'un récemment s'est étonné que je ne dise jamais «Neuenburg». Ce n'est pas pour rien. Si j'avais pu le dire, j'aurais accepté la ville, mais avec «Neuchâtel» je la tiens à distance polie, elle ne m'est jamais devenue tout à fait familière. Il y a toujours des quartiers que je ne connais pas. Ainsi, un jour, je me promenais avec un psychiatre de mes amis, descendant de la gare jusqu'à sa maison, par des escaliers, sous des charmilles dont je n'avais pas le moindre soupçon, et nous avons passé devant un mur creusé en niche et couvert d'inscriptions à la craie: « *Cherche fille, 15 ans, pour faire l'amour* », etc. De même quand je monte en voiture de la poste principale vers la gare, je passe devant un petit palais niché à gauche derrière les maisons ; cela fait un certain temps que je me propose de le regarder de près ; eh bien, il m'a fallu plus de vingt ans pour le remarquer, et je n'ai pas encore pris le temps de le considérer vraiment ; je ne le ferai sans doute jamais. Quant à la poste principale, près du port, c'était le bâtiment le plus laid de la ville lorsque nous avons déménagé à Neuchâtel. La construction, dans le style palais, en grès jaune neuchâtelois, qui remonte à peu près au tournant du siècle, est pénétrée par la foi dans la mission unificatrice de la poste. A son fronton, au-dessus de la rangée de fenêtres supérieure, les noms d'Etats depuis longtemps disparus restent ciselés, tels la Serbie et le Monténégro. Ici, ils ont survécu. Aujourd'hui la poste, depuis sa rénovation, est devenue un des plus beaux bâtiments de la ville, transfigurée par le charme de la nostalgie, offrant un bienfaisant contraste à l'épidémie des constructions modernes qui n'a pas épargné Neuchâtel. Du bateau à moteur de mon éditeur de théâtre, la petite ville est devenue indiscernable. Ce n'est plus qu'un des faubourgs du faubourg nommé Serrières, et qui la domine de ses bâtiments tout en hauteur. Il est difficile de déterminer où se trouve Neuchâtel ; le château et la cathédrale, on les découvre presque par hasard, et la vieille ville est comme ensevelie. Je conduis parfois des connaissances à la cathédrale, la «Collégiale». Le tombeau des derniers comtes de Neuchâtel ne manque pas de comique. Jadis il était au niveau du sol ; les comtes qui autrefois y étaient étendus, mais qui, toujours en train de prier dans leurs armures, se sont maintenant relevés avec le tombeau, affectent une pose homo provocante. Dans le château où siégeait le Parlement, mon fils, qui refusait de poursuivre son service militaire, a été condamné à trois mois de prison, parce que sa décision ne s'accordait pas avec l'impératif catégorique de Kant. Lorsque ensuite je demandai au juge ce qu'il entendait par l'impératif catégorique de Kant, il me regarda d'un air méfiant, puis décida qu'il n'avait pas à discuter, c'était l'ordre de Berne.

A part cela, qu'un tapis de pierre s'étende sur Neuchâtel, ce n'est pas sans cause : lorsque la ville a grimpé le long des contreforts rocheux de Chaumont, elle a secoué dans le lac tout ce qu'en avaient détaché ses pioches et ses pelles, et la rive mord toujours davantage sur les eaux. En outre, cette cité possède la particularité de tourner le dos au lac. Certes, les canots et les bateaux à voiles s'y ébattent, mais les banques, le collège, la poste, le musée, établis sur la rive, apparaissent la nuit, sans éclairage, comme des souches mortes. Neuchâtel est la ville des murs. Ce n'est pas pour rien que parmi ses potentats occultes, on compte deux entrepreneurs en construction, dont les familles sont originaires d'Italie et du Tessin. L'un d'entre eux, qui maintenant repose sous terre, je le voyais souvent au «Rocher», le bistrot de mon ami Liechti, je veux dire la partie vraiment bistrot, et non pas derrière, la petite salle à manger qui est devenue un restaurant connu. A première vue, l'homme avait l'air d'un contremaître d'un de ses nombreux chantiers, mais il respirait un calme, une sûreté singuliers: la tranquillité des vrais puissants – c'est ainsi que je m'imagine le garde-forestier d'Ernst Jünger. Il me saluait poliment. Les méchancetés que je lui disais parfois sur le F. C. Xamax, il les accueillait avec placidité. Au travers de ce club, lui et son clan tentaient de se faire aimer de la population; chez moi aussi, ce club joue un rôle, car parmi les rares portions de Neuchâtel qui soient visibles de notre jardin, à part trois toits qui dépassent des arbres de l'autre côté du vallon, et le clocher de l'église catholique, il y a le terrain de football, en contrebas, près du lac. Le grondement de la foule monte puissamment jusqu'à nous quand un but est marqué; si le club perd, il règne un silence de mort. Cependant, ce qui nous parvient, ce ne sont pas seulement les cris du match, c'est aussi le vacarme des fêtes qu'on célèbre dans la ville : les orchestres à vent, les tambours, la musique des échoppes sur la place voisine de la poste. Et parfois, lorsque je rentre nuitamment, en voiture, de Zurich ou de Berne, je passe devant l'«Escale» ou, en face, le «café du Théâtre»; les gens sont assis là, en foule compacte, et je me souviens des temps où j'essayais de me sentir chez moi à Neuchâtel. Que cette tentative ait échoué, cela tient à plusieurs raisons : je n'ai jamais eu de lien particulièrement étroit avec la culture française; or ce qui se passait en dehors d'elle ne comptait pas pour Neuchâtel. Il s'ajoute à cela que la première année, l'écrivain Ludwig Hohl habitait chez nous. Ce n'était pas volontaire. Un sculpteur connu m'avait appelé de Genève. Hohl se trouvait dans l'établissement de Bel-Air, je devais l'en sortir. Etait-ce pour protester contre la ville ou contre ses humbles conditions d'existence, il avait lâché des coups de feu dans une rue de Genève. Du coup, la police l'avait conduit à l'asile. Je connaissais déjà Hohl depuis les années que j'avais passées au bord du lac de Bienne. Il m'avait téléphoné, une nuit qu'il se trouvait à l'auberge de la Croix. Comme le funiculaire ne circulait plus, je suis descendu à pied à travers les vignes, et j'ai trouvé Hohl à l'auberge. Mais à peine l'avais-je salué que nous fûmes arrêtés par deux policiers. Hohl, alors qu'il cherchait à me joindre, avait composé deux fois par mégarde le numéro du poste de police de Tavannes, et, dans son irritation, avait déclaré qu'un meurtrier se trouvait à la «Croix» de Ligerz. C'est seulement ensuite qu'il avait réussi à faire mon numéro. J'eus bien de la peine à calmer la police. Je n'évitai pas une amende, mais j'étais heureux de pouvoir enfin remonter avec Hohl, à «Festi», où j'habitais avec ma famille. C'était une claire nuit de pleine lune, les vignobles étaient éclairés presque comme en plein jour, même si c'était d'une lueur blanche et bleuâtre. Je montais le premier, en direction de ma maison, Hohl quelques mètres derrière moi, ne cessant de réciter à haute voix: «Que tu ne puisses achever, c'est cela qui te grandit.» Soudain, la citation de Goethe résonna de façon plus sourde. Je me retournai, Hohl n'était plus visible. Je redescendis dans la vigne en criant : «Ludwig, Ludwig!» Sourdement, comme venue des profondeurs de la terre, une voix me parvint: « Que tu ne puisses achever, c'est cela qui te grandit ». Enfin je le découvris, il était tombé dans un trou, et j'eus bien de la peine à l'en extraire. Cet incident mis à part, le séjour à « Festi », au-dessus de Ligerz, ne fut pas sans complications. De la femme dont il s'était séparé, il avait une fille qui séjournait dans un home d'enfants, dans un village du Jura. Hohl conçut les plans le plus compliqués : grimper sur une montagne, d'où il pourrait observer sa fille avec des jumelles. Il fit ses calculs : quand il devait partir, etc. Mais il ne réalisa aucun de ses projets. Parfois c'était le temps qui ne lui inspirait pas confiance, parfois c'étaient les jumelles. Puis il regagna Genève. Quand j'appris qu'il avait été enfermé dans l'asile d'aliénés de cette ville, je m'inquiétai. Je partis pour Genève. Je rencontrai dans un bistrot le sculpteur connu. Il était gros et ivre, assis entre deux putains également grosses et ivres. Nous partîmes à quatre dans un taxi, direction l'asile, pour sauver Hohl. Je finis par convaincre péniblement les putains de ne pas nous accompagner là-bas, le sculpteur saoul était déjà suffisamment encombrant. Le médecin-chef nous reçut d'ailleurs sans trop d'amabilité, notamment parce que le sculpteur exhalait sa rage. A la fin, je fus déjà content de pouvoir tout simplement quitter l'asile – sans Hohl, mais avec le sculpteur, qui continuait de sacrer. Ce n'est qu'une semaine plus tard que je parvins à libérer Hohl. J'étais revenu sans le sculpteur. Je dus promettre d'emmener Hohl à Neuchâtel. A peine avions-nous quitté l'asile qu'il fit arrêter le taxi et disparut. Je croyais déjà qu'il s'était enfui lorsqu'il revint avec deux bouteilles de rhum. Le voyage vers Neuchâtel, il le fit en dormant dans un compartiment de troisième classe, au-dessus de moi, dans le porte-bagages. Vivre avec lui n'était pas facile. Les enfants étaient encore petits, ma belle-mère habitait avec nous, la maison était pleine à craquer. Hohl logeait dans une chambre au rez-de-chaussée, donnant sur le chemin qui monte au Rocher de l'Ermitage. Il avait entièrement tendu la pièce avec des ficelles, auxquelles il suspendait ses aphorismes à l'aide de pinces à linge. Il se promenait là-dedans comme dans une toile d'araignée. Son travail ne consistait pas à réécrire ses aphorismes, mais à les réorganiser. Le matin il travaillait ; il ne fallait pas, alors, lui adresser la parole. Le salut matinal de ma femme, il le prenait déjà comme une offense. Moi je travaillais la nuit, et c'était alors qu'il voulait me parler. Nous nous mettions en échec réciproque. Comme il criait ses aphorismes par la fenêtre, gesticulant sauvagement, et comme il aimait réciter à haute voix dans la forêt, au-dessous du rocher, le *Requiem* de Rilke, il effarait et terrifiait les pensionnaires de la maison de retraite, la plupart âgés, qui venaient en promenade au Vallon de l'Ermitage. Le premier été que nous passâmes à Neuchâtel, les Neuchâtelois prirent Hohl pour moi, et plaignirent le sort de ma femme, d'être tombée sur un homme à ce point exalté. Avec mes enfants aussi, Hohl avait des problèmes : il aimait jouer en leur compagnie, mais il le faisait avec une telle intensité qu'ils avaient peur de lui. Tantôt il hurlait comme un loup, tantôt il rugissait comme un lion – seulement, plus fort que les originaux. Les après-midi, je les occupais à déterrer avec une barre métallique les pierres que mon prédécesseur avait passé sa vie à mettre dans la terre pour clôturer son potager ; je les rejetais du jardin, elles roulaient au bas de la pente, pour le plaisir de mes enfants. Hohl voulait souvent m'aider dans ce travail, mais il conçut une passion pour les pierres, qu'il tenait pour plus humaines que les hommes. Péniblement, il extrayait une des pierres de la terre, il la roulait sur la pelouse, se couchait à côté d'elle et s'endormait. Les enfants se tenaient debout, tout recueillis, faisant cercle autour de Hohl et de sa pierre. Après trois mois environ, Hohl regagna Genève. Il ressentit cela comme une libération, et nous aussi. Le dernier soir qu'il passa chez nous, il fit la revue de toutes les rencontres qu'il envisageait de faire avec la police après son retour, dans les rues de Genève. C'était d'un comique incomparable. Sa prochaine arrestation me paraissait inévitable. Il ne fut pas arrêté. Ce n'est qu'après coup que je pris conscience de ce qui me gênait en lui : Hohl était un acteur, qui avait banni de sa vie le comique qu'il possédait par nature. Sa pauvreté, son existence dans une cave, c'était joué. Il visait au tragique. D'où son style, aussi : des phrases comme taillées dans le marbre, des phrases prétendant à l'universalité. C'était un homme que j'admirais, à qui je ne pouvais rien opposer, mais dans le monde duquel je ne pouvais vivre. Qui veut rester enfermé dans la pyramide de Chéops ? J'avais besoin du large. Cependant, après coup, il me semble que ce n'est pas un hasard si Neuchâtel m'a confondu avec Hohl. On confondait quelque chose d'incompréhensible avec quelque chose de plus incompréhensible encore. Pour cette ville, un écrivain suisse alémanique était une aberration en soi. Hohl correspondait à cette représentation, plus que moi. Il était ainsi, pour Neuchâtel, un *poète* (alémanique) *maudit*. Moi j'étais trop normal, surtout quand j'ai commencé à gagner de l'argent. Alors que mes enfants jouaient dans la rue, une femme leur demanda ce que faisait leur père, quelle était sa profession. « Il raconte des histoires », lui fut-il répondu. La femme fut bien déroutée. Avec raison. A Neuchâtel, ceux qui pratiquent l'écriture sont les maîtres d'école, ou sinon, chez les gens sérieux, c'est une activité annexe. Que je ne sois rien d'autre qu'un écrivain, voilà qui était suspect. A Paris, mes pièces de théâtre obtenaient au mieux des succès d'estime. Ce ne furent pas vraiment des échecs ; en tout cas, une boulangère, alors que j'achetais mon pain, après la première des *Fous de Dieu (Es steht geschrieben)* au Théâtre des Mathurins, me tapota spontanément l'épaule et, pleine de bienveillance, s'exclama en dialecte bernois: « Continuez ! » Ce fut la première reconnaissance dont je bénéficiai à Neuchâtel. Ce n'est que grâce à Yvonne Châtenay que je me sentis chez moi dans cette ville. Un jour, alors que je m'apprêtais à quitter la brasserie Strauss à la rue Saint-Honoré, cette dame, qui avait alors environ cinquante ans, marcha dans ma direction. Elle avait une lèvre inférieure pendante, et un visage à la Louis XVI. Ses mouvements étaient étrangement lents. Elle proféra quelque chose à propos de Wattenwill, un village au pied du Stockhorn, dans la région de Thoune. Je ne compris pas ce qu'elle voulait dire, je serrai la main qu'elle me tendait, et je répondis que ma mère était aussi née à Wattenwill. Puis je pris congé. Lorsqu'une semaine plus tard je pénétrai dans le café Strauss, la dame de Wattenwill m'invita à sa table, qui se trouvait dans une niche à côté de l'entrée. Je m'assis en face d'elle. Manifestement, elle avait remarqué que je n'arrivais toujours pas à la remettre, et se présenta une seconde fois : elle était née von Wattenwyl (nom qui apparaît aussi chez Balzac), mariée à un Neuchâtelois dont je fis également la connaissance le soir même. André avait l'allure qu'on imagine à un noble français, et c'était comme si le sang très ancien de sa femme avait aussi passé en lui. L'un et l'autre avaient vécu à Paris, entre les deux guerres, sur un très grand pied, et ils avaient perdu leurs avoirs lorsque la guerre les repoussa vers Neuchâtel. Il devint représentant d'un vieux marchand de vins de Bordeaux qui possédait plusieurs châteaux, et ne buvait plus que du Château-d'Yquem en mangeant des huîtres. André emportait toujours avec lui sa liste de vins, dans son portefeuille rebondi. En outre, il encadrait des gravures ; de quoi faisait-il encore commerce, je l'ignore. Ils habitaient à Auvernier, dans une vieille maison, presque un petit château ; un escalier en colimaçon conduisait au deuxième étage, où ils logeaient. Le premier, ils l'avaient mis en location. Ils occupaient trois chambres pleines de meubles extrêmement anciens. La maison avait appartenu au père d'André. Malheureusement, du côté von Wattenwyl, une tante peintre leur était échue, et ses tableaux couvraient les parois presque complètement. Je taquinais souvent Yvonne sur ses ancêtres, mais elle répondait énergiquement : « Schwyg, Ungertan ! » (Silence, sujet !). L'un et l'autre, à part la musique, avaient une seconde passion : le football. Comme ils ne possédaient pas de téléviseur, ils venaient chez nous à chaque retransmission d'un match. Yvonne se tenait immobile devant l'écran, et lorsque les Suisses surgissaient dans les parages des buts de l'adversaire, elle s'écriait: « Shoote ! » La plupart du temps, le soir, André venait seul me rendre visite. Nous buvions une bouteille et nous écoutions de la musique, sans échanger un mot, puis il redescendait en ville avec sa vieille Citroën et allait rechercher Yvonne qu'il avait conduite au café Strauss aux environs de midi. Sur la jeunesse d'Yvonne, je ne sais rien de précis. Il me semble que je dois l'avoir déjà vue autrefois. J'avais environ sept ans lorsque mes parents en vinrent à la triste idée de me faire donner des leçons de piano. Ils m'envoyèrent chez la maîtresse, la fille du pasteur d'Oberdiessbach ; il est difficile à un fils de pasteur de s'extraire de son milieu. Chaque samedi je devais descendre jusqu'au village voisin. Chaque année à Noël, la maîtresse de piano organisait un concert à la cure, où ses élèves se produisaient devant leurs parents tout fiers ; parmi eux, deux ou trois jeunes filles von Wattenwyl, comme je crois m'en souvenir (qu'elles aient été du proche château d'Oberdiessbach ou d'ailleurs) ; elles étaient toutes notoirement plus âgées que moi, mais respectueuses ; on les traitait comme quelque chose d'extraordinaire. Elles me paraissaient incroyablement belles, nobles et inaccessibles. Yvonne pourrait avoir été l'une d'elles. Je jouais « Perché sur son cheval ». Le morceau d'Yvonne, je ne m'en souviens pas. Plus tard, elle évolua dans la grande société avec la sûreté et le naturel d'une « de Watteville », elle entreprit de grands voyages, fut l'amie d'un maharadjah. Puis les maladies fondirent sur elle comme bêtes féroces : maladie du sommeil, brucellose, Parkinson. Elle devint lourde, ne pouvant plus remuer, absorbée en elle-même. Mais elle avait le don d'attirer les êtres. Auprès d'elle, je fis la connaissance des originaux de Neuchâtel, des numéros comme seule une petite ville peut en engendrer ; dans une métropole ils restent sous le boisseau. Manifestement, pour le cercle qui se formait autour d'Yvonne, la question n'était pas de savoir si l'on était ceci ou cela, mais si l'on était quelque chose. C'est ainsi qu'on y trouvait le pauvre émigré russe à côté du conseiller d'Etat, un inventeur silencieux et raté à côté du recteur de l'Université, des gens dont je ne savais pas ce qu'ils étaient, mis à part les hommes de lettres et les maîtres de collège. La table du bistrot, c'était l'habitat d'Yvonne, et petit à petit nous nous sentîmes un peu « Neuchâtelois », même si je savais qu'on s'amusait de mon français impossible. Mais Yvonne ne pourrait pas passer le reste de sa vie au café Strauss. La maison qui l'abritait fut détruite pour faire la place à l'une des ennuyeuses constructions nouvelles qui défigurent maintenant la ville. Le café Strauss mourut de sa belle mort, et sa fin fut en somme celle du vieux Neuchâtel. Nous nous retrouvâmes dans l'établissement dès le milieu de l'après-midi, tous bien décidés à déménager les cuisines, les chambres à provisions, la cave ; à tout nettoyer. Mais cela n'a pas de sens de prétendre que le souvenir d'un événement précis soit conservé sans lacune ; ce qui reste, ce sont des détails qui s'emmêlent les uns dans les autres, qui perdent leurs contours, et qui temporellement aussi se bousculent et se chevauchent. Ce qui m'est resté de la mort de ce café, de son agonie plutôt, qui dura jusqu'à l'aube, c'est une bacchanale allant crescendo. Au début cela se passa comme à l'habitude, nous étions assis autour d'Yvonne ; André, contrairement à sa coutume, était déjà là ; c'était le seul élément exceptionnel. L'émigré russe, le « Russe de service », comme je l'appelais, était peut-être un brin plus excité que d'habitude ; un maître de collège de La Chaux-de-Fonds, pour fêter les adieux, s'était peut-être saoulé encore un peu plus courageusement que d'habitude. En admettant que tout cela puisse être l'objet d'une reconstruction quelconque, il est passablement certain que moi, qui suis amateur de vin, j'ai bu de la prune parce qu'elle était offerte par la tenancière. C'est ainsi que dès le début je me suis enivré à rebours. Ce fut probablement le cas de tous, parce que, des prunes, kirschs et marcs, on passa au vin, d'abord au blanc, puis au neuchâtel – que même un James Joyce buvait avec prédilection à la « Kronenhalle ». Yvonne trônait à sa place comme une reine. André déplorait la décadence de l'art violonistique ; seuls valaient quelque chose Isaac Stern et peut-être Nathan Milstein. L'inspecteur des eaux et forêts fonda avec moi un parti – et cela au moment où l'on nous servait une assiette bernoise. Après coup, je tiens ce fait pour invraisemblable. Mais chacun des participants à ce repas d'adieu, dans la mesure où il est encore en vie, évoque un menu différent. Le parti avait pour but de faire de la ville de Neuchâtel un petit Etat indépendant, sur le modèle de Monte-Carlo. Nous décidâmes de laisser sa liberté à La Chaux-de-Fonds, elle deviendrait la capitale du canton du Jura, à qui pourrait être adjugé par la même occasion le Jura bernois. Une proposition qu'un dirigeant séparatiste, qui se trouvait là, refusa net, tandis que – nous en étions alors au rouge – le Russe de service exigeait énergiquement sa désignation comme prince de Neuchâtel, il était d'un sang plus ancien que les Romanov, et Gengis-Khan comptait parmi ses ancêtres. Sa proposition n'aboutit pas. Entre-temps, l'on avait commencé les discours. Le fromage arriva sur la table, avec des vins plus rares. D'abord, on célébra la tenancière, puis Yvonne. L'ambiance vira au patriotisme. L'inspecteur, dans un grand discours, définit les trois partis principaux qui gouvernaient la Suisse, le parti chrétien, le parti libéral et le parti social-démocrate, en disant que le premier croyait en Dieu, à la patrie et à l'argent, le deuxième à la patrie et à l'argent, et le troisième à l'argent seulement. Le conseiller d'Etat tint un discours contre les Vaudois : ils n'étaient rien d'autre que des Bernois qui prétendaient parler français. Le libraire, un Vaudois, prétendit que le train direct Neuchâtel-Lausanne avait récemment déraillé, parce que peu après Neuchâtel il avait roulé sur une grappe de raisin. Puis, au moment des charcuteries, le Russe de service commença de laisser éclater sa colère contre Neuchâtel, où il menait une vie lamentable ; cette colère fermentait en lui depuis des années. Sa tirade haineuse était d'une force indomptable, il énumérait aux Neuchâtelois toutes leurs fautes, il additionnait leurs péchés, élevait leurs vices à la plus haute puissance. Son âme russe débordait, faisait éclater les frontières neuchâteloises, se déversait sur la Suisse, ce hideux repaire de petits-bourgeois qui avait engendré d'aussi pitoyables nains que l'hérétique Calvin et le blasphémateur Zwingli. Mais les Neuchâtelois ne le prenaient pas mal, au contraire ; plus le Russe de service écumait, plus ils l'encourageaient, plus ils applaudissaient, plus ils criaient bravo. Le restaurant était plein à craquer. Ce qui se passait aux autres tables, je ne pouvais pas le voir de ma place. A un moment donné, on servit du champagne, la beuverie était générale, y compris chez les policiers. Le parti que l'inspecteur des eaux et forêts avait fondé avec moi connut une scission, lui d'un côté, moi de l'autre : il voulait établir à Neuchâtel un second Vatican, ce que je condamnai comme une politique irréaliste. Mon traducteur tint un discours contre la musique française ; le recteur de l'Université m'adressa la parole en me qualifiant de « *notre Aristophane* », et je lui répondis par « *mon *cher Hérodote* ». Des formules que nous avons maintenues par la suite. Un tranquille employé de banque suisse alémanique, qui n'ouvrait jamais la bouche, mais qui avait gagné la sympathie d'Yvonne pour une raison quelconque, exigea de coucher séance tenante sous la table en compagnie de la serveuse. Le maître de lycée de La Chaux-de-Fonds, un Juif, tint un discours dans le style d'un conseiller fédéral bien de chez nous, et tout le monde entonna l'hymne national. La fin du café Strauss, c'est à peine si j'en garde un souvenir. Je nous vois vaguement errer à tâtons dans la cave vide, à la recherche d'éventuelles bouteilles survivantes ; puis ce fut l'apparition, à l'aube, des ouvriers qui commencèrent la démolition. Les tables et les chaises furent évacuées. Le Strauss était mort. On se mit à la recherche d'un autre lieu de rencontre ; on élut domicile au café du Théâtre, mais ce n'était plus l'ancien, on ne venait plus qu'occasionnellement y rencontrer Yvonne. La nourriture était moyenne, la table d'Yvonne devint de plus en plus triste, beaucoup moururent; elle admettait des gens qu'elle n'aurait jamais admis auparavant. Mais elle était de plus en plus souvent clouée au lit. Et comme la passion des Neuchâtelois, c'est aussi le bridge, sa table était souvent désertée. Seul le nouveau recteur de l'Université, un théologien, s'y tenait pour jouer aux échecs avec le président de la communauté juive : Orzmud et Ahriman. Même si je ne savais pas lequel des deux était Orzmud et lequel Ahriman. Quand je me remémore cette époque, je me rends compte à quel point j'ai été repoussé dans mon espace intérieur : écrire devient plus difficile au fur et à mesure que s'accumule le vécu, le refoulé, le non-vécu. D'où probablement les difficultés que je rencontre avec Neuchâtel : mon travail s'est glissé de manière toujours plus inexorable entre la ville et moi. Je ne la perçois plus. Non que je la méprise, mais je me protège. Et pas d'elle seulement. Souvent des visiteurs me demandent comment je parviens à écrire avec, dans mon bureau, cet immense tableau, ces neuf personnages plus grands que nature, l' « Armée du Salut » de Varlin (maintenant ils sont dans mon atelier). Mais comment pourrais-je les voir lorsque j'écris ? Et qui n'admire la vue que nous avons ? Moi j'en ai rarement conscience, juste par instants, brusquement. Venues de la ferme au fond de la vallée, des vaches, les soirs d'été, trottinaient sur le pré, devant mon jardin. La nuit, leurs cloches tintaient, parfois proches, parfois lointaines, et voilà deux ans elles sont entrées, un matin très tôt, par la porte ouverte du jardin. Les chiens aboyèrent et tempêtèrent, chassant les vaches, sauf une. Désemparé, le gros animal était à moitié engagé dans la cuisine lorsque je descendis. Elle me fixa d'un œil hagard, puis s'enfuit dans la pergola, mais ensuite elle ne reprit pas le chemin qui aurait conduit à la porte du jardin, toujours ouverte, mais resta plantée là, meuglant sourdement, à moitié coincée par le toit de la niche des chiens. Le paysan, que j'avais appelé et qui vint avec son tracteur, regarda la vache avec stupéfaction, il n'avait jamais rien vu de pareil. Puis il libéra l'animal. C'était en été, à cinq heures du matin. Je traversai le jardin dégagé de ses vaches, regardai vers le fond du vallon, le lac brillait à la façon d'un miroir immense, je le voyais comme pour la première fois, j'étais dans les grands espaces, et non plus comme jadis dans les labyrinthes et les cavernes de ma jeunesse, où me maintenaient l'Emmental et ses forêts de sapins. Cette année, les vaches ne sont pas venues, les nuits sont encore plus calmes que d'habitude, parfois passe un avion, et ce n'est que le matin que des sons montent de la gare. Les transformations, dans le vallon, sont imperceptibles : naguère je pouvais encore observer à la jumelle les matchs de football à la Maladière, mais maintenant les arbres de la rue Matile et ceux du jardin sont devenus trop hauts. L'église catholique, qui date de la fin du siècle dernier, a perdu depuis longtemps son allure pseudo-gothique à l'anglaise, les créneaux de la tour rouge ont été victimes d'un architecte qui a tenté de les moderniser, et désormais la tour est franchement horrible. La nostalgie ne peut pas encore adoucir les choses, il y faut un siècle supplémentaire. Cependant, si la ville me reste cachée quand je suis dans notre maison, ce n'est pas seulement à cause du flanc boisé de la vallée, au-delà duquel j'aperçois le lac, mais c'est surtout à cause de moi-même, car si j'ai déménagé là, c'était pour être à l'écart de toute obligation culturelle. De la culture, j'en fais moi-même, et je vais au théâtre à Neuchâtel aussi peu volontiers qu'à Zurich ou à Munich. De manière générale, je n'aime pas aller au théâtre. Mais les contraintes sociales sont toujours là, et c'est pourquoi j'ai fui, à Neuchâtel, la culture suisse alémanique. Ce n'est pas que j'aie trouvé une liberté entière. Certes, le théâtre voisin de l'hôtel de ville est petit et délabré – et j'étais bien content que naguère on y invite les Galas Karsenty, personne n'exigeait ma présence – mais lorsque, par exemple, le Théâtre de l'Est de Strasbourg vint donner *Romulus* et *La visite de la vieille dame*, mon apparition devenait inévitable. Je m'assis là comme sur des charbons ardents, dans le rôle du commis de la culture, bien que les représentations, dans la mise en scène de Gignoux, aient été remarquables. Cependant, le fait que les plans d'un nouveau théâtre n'aient pas encore été concrétisés n'est pas un mauvais point pour la ville. Mieux vaut l'absence de vie théâtrale qu'une vie théâtrale médiocre et subventionnée à l'envi, comme il advient en Suisse allemande. L'époque présente a chassé le théâtre de la scène. Cela dit, ce n'est pas mon mérite si l'ordre naturel du Vallon de l'Ermitage a été préservé tant d'années. Je le dois à mon voisin notaire, un vieux célibataire qui habite une vieille villa, environ deux cents mètres au-dessous de moi, avant que le vallon ne remonte. Ce n'est que depuis quelque temps que nous nous saluons de nouveau, lorsque, le plus éloignés possible l'un de l'autre, nous mangeons au café du Rocher. Je le salue d'un signe de tête poli, il me salue pathétiquement, en exagérant la politesse : le vieil homme a du caractère. Outre le pré en pente raide au-dessous de mon jardin et du rocher, il possède presque tout le vallon, y compris les fermes croulantes dont les occupants doivent ployer la nuque au gré de ses caprices, comme jadis les paysans sous les baillis : le paysan actuel est déjà bien le quatrième que nous ayons connu. Lorsque je rendis visite au Maître pour la première fois, dans son bureau, en ville, afin d'acquérir ma demeure actuelle avec de l'argent pompé de-ci de-là, il me regarda d'un œil soupçonneux. Certes il n'était que le notaire du propriétaire, mais c'était lui l'homme-clé. Personne dans la ville n'osait le contredire, à commencer par le vieil ingénieur communal qui voulait me vendre la maison. Je voyais mes chances s'amenuiser. Les soupçons du Maître n'étaient pas sans fondement. J'avais une allure douteuse. Je portais un long manteau, beaucoup trop ample pour moi, c'était le cadeau d'un chanteur, qui flottait dedans lui aussi. Le Maître était fort étonné. Cependant, dans son regard sceptique, brillait une bienveillance distancée, lorsqu'à l'une de ses questions, je répondis que nous n'avions pas de chien – auparavant, il avait reçu la visite d'un homme qui voulait acquérir la maison pour en faire un chenil, et comme le maître haïssait les chiens, il avait interdit la vente. Ma non-possession de chien fit qu'il ne m'opposa aucune résistance juridique. Un voisinage vaguement aimable s'institua entre nous, à la mesure, bien entendu, de la froideur neuchâteloise. Le Maître était originaire de Berne, comme beaucoup de gens dans le canton. Nous lui rendîmes visite un jour, et il nous rendit visite un jour. Nous mangeâmes aux chandelles, dans la pièce à la bibliothèque « incorporée ». Puis un vieux colonel que nous avions connu à Berne nous fit cadeau de son vieux chien. L'aimable patricien ne se séparait pas de l'animal de gaieté de cœur, mais il lui causait une allergie, et nous ne pouvions pas rester sourds à sa demande. C'était un cocker épagneul, un chien qui pouvait vous mettre en rage tellement il était canin. Il ne se séparait jamais de moi, me poursuivait partout. Si je fermais par distraction des portes devant lui, son gémissement interminable emplissait la maison. Dans le jardin, il aboyait. Pour le Maître, ce chien fut un manquement à la parole donnée. Que ses jappements m'aient aussi rendu nerveux, je le concède. Malheureusement, le Maître commença son combat contre notre chien à l'aide de lettres recommandées, qu'il envoyait à la maison les unes après les autres, au lieu de me convaincre, avec une bonne bouteille, de confier la bête à un autre ami des chiens, d'autant plus que je n'étais nullement un ami des chiens, mais ses lettres recommandées finirent par m'en faire devenir un. J'eus aussi l'imprudence de raconter au Strauss ma guerre canine avec le Maître. Quand on me demanda ce que j'avais répondu, je fanfaronnai – plus par embarras que par arrogance, car je n'avais jamais rien répondu à ces lettres. Je prétendis avoir écrit au Maître que j'en donnais lecture au chien dans l'espoir qu'il les prendrait en considération. Mes fanfaronnades atterrirent dans les journaux, et mes relations avec mon voisin se détériorèrent. Nous cessâmes de nous saluer. Le cocker épagneul devenait archi-vieux. Il vivait avec les chats que nous avions alors. D'abord nous ne possédions qu'une chatte, nous l'avions emmenée en quittant « Festi ». Mais elle mettait bas chaque année jusqu'à seize petits. Les huit premiers, je les confiai au paysan du fond de la vallée, pour qu'il les tue. Il me regarda et prit les bêtes sans un mot. A cet instant je compris qu'à ses yeux j'étais un couard. Celui qui a des chats doit aussi être capable de les tuer. Le paysan partit avec les chatons. A compter de ce moment je les tuai moi-même. Je les examinais, laissais un mâle à la mère, je portais les autres dans le verger, je creusais un trou, je les y jetais, je versais de la terre par-dessus, piétinais la fosse; six années durant. J'ai tué plus de quatre-vingts chats, je me faisais l'impression d'être un Eichmann des chats. Notre maison grouillait de matous, Minette mettait bas sans arrêt. Lorsqu'elle était sur le point de le faire, elle me circonvenait en ronronnant, et finissait par s'asseoir sur ma machine à écrire. Alors je savais ce que j'avais à faire. Je lui aménageais une caisse pleine de chiffons, je préparais du lait, elle commençait à mettre bas, et moi à tuer. Puis ce fut la grande hécatombe des chats. Un médecin du sud de la France libéra un bacille qu'il voulait utiliser contre les lapins qui dévastaient son jardin ; ils cessèrent de le dévaster, mais le médecin déclencha une épidémie. Les bacilles attaquèrent aussi les chats. Pas seulement les chats français, mais aussi les nôtres, les frontières ne protégeant de rien. Les matous commencèrent par être paralysés, ils se traînaient dans toute la maison, ils criaient lamentablement et périrent au bout de trois jours. Le massacre dura deux semaines. Seule notre chatte survécut. Je la fis stériliser. A partir de là, elle se métamorphosa, commença de rôder, puis finit par s'en aller tout à fait. Le cocker épagneul était seul, aveugle. Son odorat faiblit aussi. Il se tenait de préférence à la cuisine. A un paysan du Jura, nous achetâmes un bouvier bernois. Un énorme animal. Cependant, la manière dont le paysan l'avait traité aurait dû m'alerter : comme un chien, en le frappant brutalement, en lui donnant des coups de pied. Buddy était craintif et finit par devenir dangereux. Nous avions construit pour lui une enceinte fermée. Le premier jour, il s'y démena avec rage ; lentement il s'accoutuma à nous, mais pour le Maître, c'en était trop. Il porta plainte devant le conseil communal : juste à la limite entre les deux terrains, le sien et le mien, j'aurais construit une bâtisse. Le conseil municipal lui signala que la bâtisse en question consistait en un mur et un toit d'Eternit, et qu'une niche ne pouvait être considérée comme une bâtisse. La rancune de mon voisin s'accrut. Le bouvier bernois était intenable, et du toit du chenil il pouvait aisément gagner la rue. Il trottait parfois en ville, et se couchait devant une porte ou une autre. On nous téléphonait qu'on n'osait plus entrer ni sortir. Péniblement, je ramenais le chien à la maison. Un jour, la bête s'installa derrière la haie du Maître, les enfants m'appelèrent, les promeneurs et les marmousets fixaient à travers la haie ce bouvier presque aussi grand qu'un saint-bernard. Dans son jardin, le Maître se tenait, raide et furieux. Je voulus faire repasser le chien à travers la haie, mais elle était impénétrable, je n'avais plus qu'à faire le détour par la ferme, au fond du vallon. Cependant, le Maître m'intima l'ordre de prendre le chemin qui traversait son jardin. J'hésitai. Les enfants étaient tout excités : qu'est-ce que papi va faire ? Le chien géant tremblait de peur. Pour lui, j'obéis au Maître, dont je traversai le jardin. Je retirai le chien de la haie, rebroussai chemin avec lui. Le Maître avait gagné, et il me salua, jouissant de sa victoire, dans un allemand irréprochable. Je lui serrai la main, confus de mon « manque de caractère », et je me proposai de l'ignorer désormais ; nous nous ignorâmes réciproquement. Le destin du Maître, le mien et celui du bouvier bernois suivirent leur cours. Nous restâmes tous trois fidèles à nos principes ; après tout, nous étions tous trois originaires de Berne. Le bouvier bernois devint lentement et progressivement une bête féroce, qui nous gardait avec fanatisme. Si mon père faisait une promenade, Buddy ne le laissait plus rentrer dans le jardin. Un metteur en scène habita chez nous ; tôt le matin, il prit un bain dans la piscine située entre la maison du haut et celle du bas : le chien ne le laissa plus ressortir de l'eau ; seule la bonne parvint à sauver l'homme de théâtre à moitié gelé. Puis il attaqua des humains, à commencer par un journaliste danois. D'abord je n'avais pas voulu le recevoir, puis j'avais été d'accord pour une demi-heure – il dut, après que je l'eus conduit à l'hôpital, rester encore trois jours chez nous. Ensuite le chien mordit un sculpteur, puis un maître d'école qui pénétra dans le jardin malgré mes avertissements – il savait, lui, comment on se comporte avec les bouviers bernois – puis un ami de mon fils, puis encore une fois le sculpteur, puis les deux filles de notre garagiste – comme elles venaient chercher notre auto pour une révision, la bête avait dû croire à un vol ; ensuite il mordit l'apiculteur, et finalement le garde-chasse, qu'on dut recoudre à l'hôpital pendant quatre heures. Malgré les intercessions de ma femme, ce n'était plus possible, je fus contraint de faire ce que j'aurais dû faire depuis longtemps. C'était Noël, l'arbre était allumé, j'allai avec le bouvier bernois chez le vétérinaire qui nous avait procuré l'animal en son temps. Le chien me suivait sans résistance, il aimait être assis à l'arrière de la voiture. Chez le vétérinaire non plus il ne se douta de rien, il me léchait la main quand l'homme lui fit la piqûre, puis il se coucha bien comme il faut, lentement, comme il faisait toujours, et comme pour dormir. « Quand est-il mort ? » demandai-je. « Maintenant », répondit le vétérinaire. Cependant, sa mort nous fut moins pénible que celle du petit Papillon tricolore qui fut écrasé quelques mètres au-dessous de notre maison. Cet épagneul nain était une espèce de petit renard avec d'immenses oreilles de chauve-souris et un système pileux considérable, qui lui tombait sur le dos comme une cascade de cheveux blancs. Si j'ai jamais vraiment aimé un chien dans ma vie, c'est celui-là, bien qu'il ait toujours gardé ses distances avec moi. Ce n'est que lorsqu'il y avait de l'orage qu'il se serrait contre moi, qu'il me gratouillait impatiemment, dans l'attente que je mette un terme au phénomène. En 1969, ma femme partit pour les USA, avec ma fille et ma sœur. J'avais derrière moi ma première année bâloise. *König Johann* avait été créé, puis *Play Strindberg*, j'étais nerveux, j'avais mille plans, je voulais travailler.

Que je négligeais ma famille, je le sentais, il lui fallait vivre de son côté, un voyage aux Amériques lui ferait du bien. Maintenant elle était partie, Pâques arriva, et le lundi de Pâques, la bonne avait congé, ma mère était venue de Berne. Le mardi soir, je me tenais avec mon fils dans mon bureau. Nous parlions de théologie. De même que mon père avait essayé un jour de me convaincre de devenir pasteur, j'essayais de convaincre mon fils de ne pas le devenir. Les deux tentatives demeurèrent sans effet. Vers une heure, je redescendis dans la maison d'en bas, accompagné par le petit chien. J'étais fatigué. Je me déshabillai. Aux toilettes la douleur surgit, brutale. Je crus d'abord à des aigreurs d'estomac, je pris de l'Ebimar, allai me coucher ; le petit chien se blottit contre mon cou, sa chaleur me faisait du bien même si la douleur s'intensifiait. Je me relevai, descendis à la bibliothèque, allai chercher *Le tournant* de Klaus Mann – un livre qui naguère m'avait ennuyé – pour vérifier un passage que Peter Bichsel avait évoqué quelques jours plus tôt. Le petit chien m'accompagnait. Revenu dans ma chambre à coucher, je me remis au lit. L'animal se blottit à nouveau contre moi. La douleur devenait plus brûlante. Je tentai de m'en distraire par la lecture ; le livre ne me disait rien. Je m'énervai de ne pas en avoir choisi un autre et je n'avais pas la force de le faire. Mon corps était gonflé. Je ne cessai d'aller à la salle de bains, de m'asseoir sur les toilettes. Le petit chien me suivait avec anxiété, avec inquiétude. Puis je me couchai une fois encore, la douleur était déchirante, du milieu de la poitrine jusque sous le menton, mon aisselle gauche me faisait mal, ainsi que le bras gauche. La main, de ce côté, fourmillait. Le petit chien se glissa vers le haut, comme s'il ne voulait pas peser sur mon épaule. Je savais que je faisais un infarctus, mais je continuai de lire tranquillement, opiniâtrement, ce livre qui ne me disait rien ; j'aurais tout aussi bien pu lire l'annuaire téléphonique, la petite tête du chien serrée contre ma joue. Parfois je marchais de long en large dans la pièce, la douleur m'emplissait si impitoyablement que je devais pour ainsi dire me concentrer sur elle pour demeurer en vie. J'étais dans une indifférence totale, je percevais à peine la présence du chien qui, tandis que je parcourais la chambre en tous sens, s'était assis au milieu. Je n'eus pas l'idée de réveiller ma mère qui dormait à côté. Je l'avais oubliée. De même mon fils, dans la maison d'en haut, je ne l'appelai pas, je l'avais oublié lui aussi. J'avais déconnecté. Je ne verrais plus ma femme, cela seul était triste, quoique je fusse trop apathique pour être triste. J'eus l'idée que ce serait très beau de nous dire adieu en français. Puis j'étendis à nouveau la main vers le livre, un peu étonné de ce qui était manifestement ma dernière lecture – qu'avais-je à faire de Klaus Mann ? Je notai que Peter Bichsel avait fait erreur, je continuai néanmoins à lire mécaniquement, afin d'anesthésier la douleur. Mourir, je me l'étais imaginé autrement. Vers six heures et demie je m'endormis, à sept heures et demie je me réveillai, sous l'effet de l'absence de douleur. Le petit chien était couché près de moi, roulé en boule. Je m'étirai, tout heureux : fausse alerte. Un indescriptible sentiment de santé me traversait comme un fleuve, lorsque soudain la douleur fondit sur moi dans toute sa violence. C'était comme si ma poitrine était lacérée par un couteau, mais au même instant je devins capable d'agir, peut-être parce qu'il n'existait plus de protection contre cette douleur. Je pris l'annuaire, tentai de trouver un médecin, j'avais la vague idée d'un nom, puis il m'échappa. J'appelai mon fils, il fallait qu'il me conduise chez un médecin, n'importe lequel ; je m'habillai, descendis, accompagné par le petit chien. La bonne était de retour de vacances, elle me regarda, pleine d'angoisse : je suis malade, lui criai-je stupidement, où est mon fils ? Il attendait déjà dans la voiture, me conduisit en ville. Ce n'avait pas été facile de trouver un médecin, la plupart étaient encore en vacances ; déjà j'étais couché sur la table d'examen : électrocardiogramme, longues auscultations, pressions sur l'abdomen ; ce fut enfin le verdict : inflammation de l'estomac, mais le problème n'était pas là. C'était mon foie gonflé, j'avais une glycémie à 600, il me fallait au plus vite un sanatorium. Mon seul organe sain, c'était le cœur. Une joie irrépressible me saisit. La douleur n'avait certes pas encore diminué, mais le médecin me prescrivit un remède, j'achetai immédiatement deux bouteilles d'un liquide laiteux, le Maloxon ; ce sucre, je parviendrais bien à lui régler son compte. A la maison, je me recouchai soulagé. Le petit chien se blottit de nouveau contre moi. La douleur demeurait. Je vidai une bouteille du liquide laiteux, incapable de dormir. Le soir, je gagnai la maison d'en-haut. Pour me distraire, je voulais regarder « Chapeau melon et bottes de cuir ». La montée fut pénible. Je redescendis en compagnie du petit chien. Avec ma mère, je tentai d'engager une conversation (tout en entamant la deuxième bouteille de Maloxon). Ma mère était de bonne humeur : je n'avais qu'une inoffensive inflammation de l'estomac. Le petit chien se tenait couché sur mes genoux, tandis que ma mère racontait la mort de ma grand-mère ; elle riait pendant son récit : j'avais trois ans, j'étais venu la questionner. Mon souci, c'était que ma grand-mère n'arrive pas au Ciel, elle était trop grosse, elle allait sûrement se coincer dans la cheminée. Tandis que ma mère bavardait ainsi, je pensais à Varlin, qui m'avait peint avec le chien sur les genoux, et j'écoutais à peine. J'allai me coucher avec l'animal, je pris du Valium et du Perobène, la douleur diminua, juste une brûlure sporadique, je m'endormis, le chien blotti contre moi. Le lendemain je me réveillai sans douleur, restai au lit jusqu'à midi. Au repas, j'étais si faible que je pouvais à peine soulever ma cuillère, je n'en revenais pas. Je tentai d'appeler mon médecin à Berne, il était en vacances avec sa famille, l'hôpital ne voulait pas me donner son adresse, mais soudain je sus où je pourrais l'atteindre. Ce fut comme une inspiration, et le soir je l'avais au téléphone. Il dit que mon fils devait me conduire le lendemain matin à Berne, au cabinet. Mon fils m'y conduisit, je n'emportai rien avec moi – j'étais toujours convaincu par le diagnostic du médecin neuchâtelois – la seule chose que je craignais, c'était une augmentation des doses quotidiennes d'insuline. Le médecin, un vieil ami, m'examina, vérifia d'abord ma pression artérielle ; contrairement à son habitude il ne dit pas un mot ; il me fit une prise de sang, la confia à sa laborantine, établit un électrocardiogramme, en gardant toujours le silence, puis il découpa le papier sorti de la machine, posa les différentes sections sur une commode, les examina et dit : « Viens. » Je me levai, marchai jusqu'à lui, fixai l'électrocardiogramme sans comprendre, et demandai : « Alors ? » « Infarctus », répondit-il. En revanche, le sucre était en ordre. Le diagnostic fut un choc. Le médecin agit avec sang-froid : si j'avais déjà survécu trois jours, je pouvais sans problème venir chez lui pour le repas de midi. Je ne mangeai que peu. Puis mon médecin revint en ville avec moi. Il jouait les insouciants, mais je sentais comme il m'observait. Nous entrâmes dans une librairie. « Prends-toi des livres pour six semaines », me proposa-t-il tout de go. Je choisis l'*Histoire universelle* de chez Fischer, trente volumes, puis nous gagnâmes l'hôpital en taxi. Je me sentais misérable et abattu. Entre-temps, mon fils était reparti pour Neuchâtel et revenu avec le nécessaire. Notamment quelques volumes de Proust, que jusqu'alors je n'avais jamais pu lire jusqu'au bout. Plus tard, il m'apporta aussi une harasse avec les meilleures bouteilles de ma cave. La première nuit se passa dans l'agitation, et le médecin fut rappelé à mon chevet. Personne ne savait à quel endroit des USA ma femme et ma fille séjournaient. Pourtant, deux jours plus tard, elles étaient auprès de moi. Ma femme avait par hasard passé au bureau de Swissair à

Chicago, et, apprenant la nouvelle de ma maladie, avait appelé mon médecin. D'ailleurs, tout avait déjà été préparé pour leur vol de retour. Les longues semaines d'hôpital commencèrent, un combat acharné pour reconquérir mon activité, les visites funestes d'écrivains qui ne comprennent pas que dans mon état, ils ne parviennent à m'intéresser ni à leur écriture ni à la mienne : je trouvais mon salut en m'occupant de moi-même, je ne pouvais pas m'occuper d'eux par-dessus le marché. De l'*Histoire universelle* de chez Fischer, je lus d'abord le volume 16, « Asie centrale »; le mieux me paraissait d'abord ce que je connaissais le moins. Proust se révéla une lecture inappropriée : j'éprouvais une véritable animosité contre ce « Je » qui se donne pour Proust. Enfin, après mon retour à Neuchâtel, ma femme me conduisit à Schuls en Basse-Engadine. On était en juin, la neige tourbillonnait sur le Vorarlberg. L'hôtel était au milieu du village. Je ne me traînais qu'avec peine. Le bruit des difficultés que le Basler Theater était en train de se causer à lui-même atteignit jusqu'à Schuls. Frisch, qui m'avait déjà rendu visite à Berne, vint séjourner à Tarasp. Le dernier soir que nous avons passé ensemble, il l'a consigné dans son *Journal* : « Ce n'est pas vrai qu'il n'est pas capable d'écouter. Quand l'aubergiste, à Schuls, s'assied à notre table et veut nous raconter quelque chose (par exemple comment les gens des Grisons plument l'Aga Khan), et se perd en bavardages, Friedrich Dürrenmatt est un Hercule de l'écoute. Cela dépend du partenaire. » Dommage que Frisch n'ait pas écouté lui aussi. A vrai dire j'ai oublié l'histoire de l'Aga Khan. Mais pas ce que nous racontait l'aubergiste de Schuls, à propos d'un menuisier dont il pensait qu'il était le seul à ne savoir que le romanche, et pas un mot d'allemand. Il l'avait trouvé un matin, debout sur un tabouret, et pressant avec les paumes une partie du plafond. L'aubergiste lui demanda en romanche ce qu'il faisait là. L'autre éloigna les mains du plafond, regarda vers le haut, et dit en allemand : « Si Dieu veut m'entendre, la colle va prendre. » Puis il redescendit du tabouret, et ajouta, après un nouveau coup d'œil au plafond : « Dieu m'a entendu, la colle a prenu. » Après cette soirée, je n'ai plus dû revoir Frisch durant huit ans. Nous ne nous sommes retrouvés qu'à l'enterrement de Varlin. En juillet, ma femme et moi sommes redescendus à Neuchâtel. Une fois, ce devait être durant cet été-là, André me fit encore une visite, nous écoutâmes encore de la musique, ma femme s'amusait de notre silence. Peu après il est mort, en des circonstances qui demeurent embrouillées et contradictoires dans mon souvenir. Il m'appela pour me dire qu'il était à Barcelone, au Ritz ; il avait eu une défaillance, puis il avait découvert le champagne, ça l'avait sauvé. Souvent sa poitrine lui faisait mal, mais le champagne le soulageait. J'eus le pressentiment que j'entendais sa voix pour la dernière fois. Yvonne s'installa dans une maison de retraite à Berne. A sa table abandonnée, au bistrot, je ne suis presque jamais revenu, la plupart du temps c'étaient des étrangers qui s'y tenaient. C'est ainsi qu'il ne nous resta plus que le Maître. Un jour il nous était arrivé une lettre de lui, indéchiffrable, peut-être aussi ne voulais-je pas réussir à la déchiffrer. Un fois je l'avais vu à Venise, nous nous étions croisés sans nous arrêter. Il a sa tête, j'ai la mienne, et c'est ainsi qu'à cause de nos têtes nous avons perdu tous les deux près de trente ans. Que le compte soit en ma faveur, je le concède : je lui dois beaucoup, lui ne me doit rien. Son idée était que le lieu d'habitation c'est le lieu de vie. Et pour donner à sa vie, qui comme toute vie est passagère, une certaine apparence de durée, il a laissé intouché le Vallon de l'Ermitage et n'a vendu aucune zone à bâtir. C'est ainsi que la vallée a été préservée pour les vieilles gens de la maison de retraite qui marque son entrée, comme pour les promeneurs du dimanche et pour les amoureux. Quant à la prairie en pente raide, au-dessous de mes maisons, j'en ai fait l'acquisition pour prévenir les spéculations. Cependant, le temps est plus fort que l'homme et ses projets. Déjà, j'ai dû abattre certains arbres que j'avais plantés jadis. Et puis la ville s'est développée le long du lac, ainsi qu'au-dessus de l'hôpital cantonal, en grimpant vers Chaumont. Mais des métamorphoses s'annoncent aussi pour le vallon lui-même. La ville a des plans grandioses : elle voudrait non seulement, comme toute agglomération suisse, avoir son raccord autoroutier, mais encore une autoroute qui la traverse ; pourquoi, mystère. En direction de Bienne, la plaine entre le lac de Neuchâtel et le lac de Bienne a déjà été défigurée par une autoroute, qui est tout simplement un non-sens, vu qu'elle débouche en territoire bernois sur une simple route. C'est comme si Neuchâtel, dont le charme est d'avoir manqué le présent, ne voulait pas manquer l'avenir. Mais pour être juste, ces mutilations ne faisaient que s'ajouter à d'autres : voilà bien des années, dans la plaine qui sépare les deux lacs, on a construit la raffinerie de Cressier, avec cet esprit qui caractérise en général les Suisses : dans les endroits les plus dangereux, construire ce qui est le plus dangereux possible. Le canal qui relie les deux lacs, selon le niveau des eaux, peut se déverser dans le lac de Morat, ou l'inverse, et finalement, après quelques allers et retours, tout cela débouche dans l'Aar. Cressier est une des nombreuses bombes suisses à retardement, en train de faire tic-tac. Actuellement, l'autoroute, qui passe déjà devant la raffinerie, est interrompue à Saint-Blaise. Elle ne reprend qu'après Neuchâtel. Dans l'espoir d'atteindre, d'ici dix ans, Yverdon, donc Lausanne, on peut foncer sur ce tronçon presque jusqu'à Boudry, environ douze kilomètres, avec de pompeux raccordements pour les villages vignerons, qui du même coup se trouvent comme en quarantaine ; et puis elle s'arrête brutalement. C'est la ville qui manifestement gêne le projet. A cause des dix minutes que l'on met à la traverser deux fois par jour aux heures de pointe, on a décidé de la percer de tunnels. Ainsi la ville va littéralement disparaître. Déjà, chaque fois que je suis à l'étranger, je dois expliquer en détail où Neuchâtel se trouve. Bientôt le visiteur va passer à toute allure sous la ville et le long de ses rivages sans même la remarquer. Les auteurs du projet ont procédé avec circonspection. D'abord, ils ont remblayé la rive du lac sous prétexte d'y construire l'autoroute, et dans la certitude que la population s'y opposerait. Elle s'y opposa. L'espace asphalté, nouvellement conquis, sert de place de parc, coincée entre la ville et le lac. Puis on a laissé le conseil fédéral, à Berne, trancher en faveur du tunnel que voulaient les auteurs du projet : lorsque quelque chose se planifie au niveau de nos plus hautes autorités, on les voit toujours prêtes à transformer notre peuple de bergers en un peuple de taupes. Confiant dans les rouages de la machine étatique, on s'est mis à sonder, à creuser partout, et comme un tunnel d'autoroute a également besoin d'une cheminée pour évacuer ses gaz, on a projeté de la faire aboutir dans la forêt, au-dessus du Vallon de l'Ermitage, près de chez moi. Mais les gens aiment ce petit coin. Contre la cheminée d'évacuation, un comité s'est formé, et un beau jour nous nous sommes rassemblés sur le rocher, environ cinquante hommes. Le temps était hostile, il pleuvait, il faisait froid. Nous nous tenions sur le Rocher de l'Ermitage ; à nos pieds ma propriété, le vallon, la ville, le lac, au-dessus duquel roulaient des nuages lourds de pluie. L'ingénieur municipal et le représentant d'une entreprise de Zurich chargée de construire le tunnel expliquèrent leur plan. Un peu plus haut que ma maison flottait un petit drapeau, apparemment loin dans la forêt. Comme le temps était à la pluie, expliqua l'ingénieur, ce serait déraisonnable d'aller jusque là-bas, c'est pourquoi il avait organisé la réunion sur le rocher ; la vue, d'ici, était idéale, le drapeau bien visible ; tout le monde pouvait se convaincre que son emplacement était à l'écart et ne dérangeait personne. Mais l'assemblée ne se laissa pas intimider ; maintenant qu'on s'était réunis, on voulait voir l'endroit exact de la cheminée. L'ingénieur municipal dut céder. Nous redescendîmes les marches de pierre qui conduisent au rocher, et, par un étroit chemin forestier, nous gagnâmes l'endroit où la cheminée était prévue. Nous nous sommes retrouvés dans une petite clairière au milieu de laquelle la perche était dressée, avec son drapeau. Autour du drapeau, de menus buissons et arbustes, chacun d'entre eux flanqué d'un piquet badigeonné en brun, dont le sommet biseauté était piqué d'un écriteau portant le nom botanique du végétal en question. Deux hommes en training, l'un bleu, l'autre blanc, surgirent sur le chemin forestier : des joggeurs, le chemin fait partie d'un parcours Vita. L'ingénieur municipal avait perdu son assurance, la cheminée n'était pas encore décidée définitivement, ni son emplacement, cela durerait encore des semaines jusqu'à ce que cet emplacement soit fixé, mais le projet du tunnel sous la ville devait d'abord être soumis à la population. Un notaire objecta que le projet de cheminée d'évacuation était impliqué par le projet de tunnel autoroutier, et que si les deux projets n'étaient pas présentés en même temps aux citoyens, la cheminée pourrait être construite sans en référer au peuple. L'ingénieur municipal demanda au notaire s'il manquait de confiance dans les autorités. Le notaire répondit qu'il se méfiait par principe de toute autorité, et un professeur de géologie proposa de construire la cheminée d'évacuation à la *Carrière de Tête plumée*. Il était le seul à en connaître l'existence. Sur le versant sud de Chaumont, il existe de nombreuses carrières, c'est de là qu'on extrait la pierre du Jura. Lorsque la carrière atteint une certaine dimension, on la ferme. C'est aussi le cas de celle qui se trouve à dix minutes de chez moi. Un de nos potentats occultes y entrepose ses machines géantes. Mais tout le monde voulut voir la *Carrière de Tête plumée*. Elle n'est pas loin, dit le professeur, on peut l'atteindre en voiture. Ce n'aurait pas été nécessaire, la *Carrière de Tête plumée* se trouvait à peine cinq cents mètres au-dessus de ma maison, dans la forêt. Simplement, je ne l'avais jamais remarquée, parce qu'on y parvient par une mauvaise route asphaltée, et que pour mes promenades en forêt avec mes chiens, je déteste les voies goudronnées, j'aime sentir l'humus de la forêt. La colonne de voitures s'arrêta. Je conduisis mon véhicule sur un chemin latéral et, en compagnie de mon avocat, je suivis les hommes qui maintenant poursuivaient la montée à pied. Afin que la route ne soit pas trop raide, on avait construit un mur sur lequel elle passait, une sorte de rampe ; après ce mur, la route pouvait de nouveau s'adapter à la pente du terrain. Si la colonne de voitures s'était arrêtée quand même, c'était parce qu'après la rampe, la route était coupée par une barre métallique qui servait de barrière. A côté, une remise en ruine. Il fallait une clé pour ouvrir cette barrière. La conséquence en était que les camionneurs – peut-être n'avaient-ils pas la clé, peut-être l'avaient-ils oubliée, peut-être étaient-ils trop paresseux pour aller plus loin – avaient balancé leurs déchets par-dessus le mur, dans la forêt. Ces horribles détritus cachaient presque entièrement le mur lui-même. Nous avons contourné la barrière, qui n'empêchait que le passage des voitures, nous avons continué sur la route maintenant noire et mal goudronnée, une route qui ne méritait plus ce nom, on aurait dit qu'on avait laissé couler le goudron d'en haut ; à notre gauche, la forêt, des bosquets morts, des arbres agonisants, étouffés par le lierre, à notre droite des entassements jaunes de pierre du Jura, et puis entre eux deuxse du goudron par galettes, du plastique, du vieux métal, tout cela dans un effroyable fouillis ; devant nous, à l'horizon vers lequel nous montions, quelques mélèzes isolés, devant le ciel chargé de nuages, trempé de pluie.

Puis nous sommes arrivés en haut et nous nous sommes trouvés au bord d'un cratère, impression due au fait que l'extrémité sud de la carrière taillée au dos de la montagne avait été fermée par un remblai de terre. Montés par l'ouest, nous nous trouvions là où le remblai rejoignait le terrain naturel. En face de nous, la paroi opposée de la carrière, à l'est : la roche nue du Jura, du calcaire blanc en couches parallèles, disposées selon le profil de la paroi, comme d'épais tapis défraîchis étalés les uns sur les autres ; le côté nord de la carrière était également fait de cette roche nue du Jura ; au-dessus, on avait construit une rampe de béton, sur laquelle se tenait un wagon-citerne, une espèce de monstre orangé, entouré par des éboueurs en vêtement de protection de même couleur ; du wagon citerne jaillissait un énorme et terrifiant jet d'immondices noir, qui passait devant la rampe de béton, puis devant la roche blanche du Jura, pour s'engloutir dans les profondeurs du cratère, à nos pieds. C'était comme la diarrhée d'un dinosaure. La merde s'éclaboussait bruyamment dans un lac noir et huileux, semé de bouteilles de plastique. Un singulier recueillement avait saisi les hommes. Pour tout le monde, ce spectacle était pénible. La carrière était devenue la fosse à ordures de Neuchâtel, sa décharge. De tels endroits ne sont jamais sans chatouiller le patriotisme. Ce que les cantonniers pompaient des canalisations ou des fosses finissait dans ce trou monstrueux et douteux, y compris la boue des stations d'épuration, et, naguère, les résidus de mazout, qui maintenant encore n'étaient pas absorbés. Lentement, ce sombre bouillon de merde se glissait entre les couches de rocher, sur lesquels, plus bas, s'élevaient mes deux maisons ; il descendait bouffer le lac, dont les rives empierrées et remblayées soutiennent la ville. En silence, nous avons rebroussé chemin. Lorsque je suis revenu sur les lieux plus tard, un nuage de gros oiseaux noirs s'est envolé : des corbeaux ; une odeur de sang flottait au-dessus de la décharge. Ça puait le meurtre. Je jetai une pierre dans le bouillon noirâtre, elle s'engloutit lentement, formant des bulles d'air, puis un remous paresseux qui prit des teintes rougeâtres. Du bord de la décharge, on pouvait voir le lac, loin en direction d'Yverdon. On peut difficilement imaginer une décharge placée en un lieu plus idyllique. Si je ne cesse de retourner dans cet endroit pour le montrer à mes amis, c'est uniquement parce qu'alors m'envahit le souvenir du village dans lequel j'ai grandi. Nous, les enfants, nous avons souvent joué dans sa décharge. Les rayons de roues à vélo et les bidons à lait rouillés, les machines à coudre cassées, etc., se transformaient pour nous en jouets fantastiques, et le soir j'aimais rouler jusque là-bas, au soleil couchant, avec le vélo de mon père, passant devant le vieux cimetière, sur le pont, puis devant le nouveau cimetière. A l'époque il n'y avait encore aucune maison ; un chemin campagnard conduisait dans la plaine jusqu'à la décharge ; je m'imaginais glisser en bateau sur un océan démesuré, je parlais à haute voix, je revenais en arrière et repartais en avant, jusqu'à ce que les premières étoiles apparaissent, puis je rentrais chez nous. Et comme je me trouvais là, pour la première fois, au bord de ce cratère perdu, rempli de ce brouet répugnant, fait de matières fécales et de déchets d'épuration, enfoncé dans cette forêt, au-dessus de mes lieux de séjour et de travail, pour la première fois, un quart de siècle après avoir atterri dans ce coin, auprès de ce lac, au-dessus de cette ville, je compris où je vivais réellement. Je compris même davantage : l'acteur Hans Christian Blech m'a raconté un jour que pendant la Deuxième Guerre mondiale, en Russie, durant la progression de l'armée allemande, il avait été affecté à une compagnie disciplinaire. Une fin d'après-midi, on avait progressé dans le vide, sans ravitaillement, il s'était retrouvé seul, détaché, dans la nuit tombante, pour chercher de la nourriture. Un paysan l'avait dirigé vers une forêt où il avait trouvé une clairière pleine de chanterelles ; jamais il n'avait vu autant de champignons à la fois ; il avait rejoint la compagnie disciplinaire en ployant sous les chanterelles. Deux ans plus tard, lors de la retraite de l'armée allemande, il s'était retrouvé, à la même saison, dans cette région forestière, il s'était remis à chercher la clairière ; elle avait été clôturée, et au-dessus de la porte d'entrée, il était écrit: «Katyn», le nom de la forêt dans laquelle Staline a fait assassiner par milliers les officiers polonais. C'est ainsi, me racontait cet acteur, qu'il pensait toujours à cet endroit quand il jouait Woyzeck et en arrivait au moment où le soldat doit dire au médecin: «Les champignons, Monsieur le docteur, c'est là, c'est là qu'il y a du louche. Avez-vous déjà vu les dessins qu'ils font par terre, en poussant, les champignons ? Celui qui pourrait lire ça ! » Maintenant, ces dessins, nous pouvons les lire. Grâce aux associations qu'ils suscitent. La fosse à détritus de mon village pouvait encore être métamorphosée en place de jeux par les enfants, la décharge géante au-dessus du Vallon de l'Ermitage ne le peut plus. Les fosses à détritus de ma jeunesse ne sont plus celles d'aujourd'hui. Voilà les signes qui suscitent d'autres associations, des images de meurtres, des visions de décharges humaines comme Auschwitz. Les signes des champignons sont devenus ceux que les hommes laisseront sur la terre : des décharges de déchets atomiques, comme les seuls témoins qu'il exista un jour l'être humain, ce singe féroce. Ce n'est qu'après épuisement de cette radioactivité que la planète, qui nous a été donnée pour nous créer nous-mêmes, retrouvera sa virginité.

Post-scriptum de 1981 : l'hiver n'a convenu ni aux nouveaux chiens de berger ni à moi-même. La neige est venue trop tôt, elle est restée, elle a gelé. A la saison de mes promenades, les chevreuils sont déjà descendus de la forêt ; nous avons dû mettre en laisse notre chien mâle (que nous avons depuis trois ans) ; la femelle (du même âge que le mâle, et qui nous accompagne depuis quelques semaines de plus à peine), je l'ai laissée libre. Elle est de trop bonne composition, elle ne peut être dangereuse pour les chevreuils. La police fut d'un autre avis. Je renonçai à mes promenades. Le gel, et le chien nerveux au bout de sa laisse les rendaient trop pénibles. C'est ainsi qu'à mon soixantième anniversaire je ne me suis pas retrouvé dans les meilleures dispositions ; il faut dire aussi que j'étais embarrassé d'être fêté par Neuchâtel, je sentais subitement que j'étais devenu Neuchâtelois, on ne passe pas impunément la moitié de sa vie dans une ville. A Zurich, j'ai écrit et travaillé des pièces pour le Schauspielhaus, et j'y ai la plupart de mes amis. Cinq jours plus tard, je m'y suis rendu et je ne me suis pas du tout senti Zurichois. Je ne m'étais jamais senti tel, ni d'ailleurs Bernois ou Bâlois ; et puis, le Schauspielhaus était gardé par des policiers ; à l'extérieur, «la jeunesse» s'était rassemblée ; il y avait aussi le président du Conseil d'Etat et le maire de la ville. C'est ainsi qu'on m'a bien enfermé, pour une fête en quarantaine. A Zurich, tout fut officiel ; à Neuchâtel, familier. Il y eut le petit-fils de ce pasteur – voilà plus de quarante ans, je m'étais rendu à vélo dans sa maison de vacances à La Tourne, traversant pour la première fois Neuchâtel – qui commença par jouer la *Fantaisie chromatique et fugue* de Bach. Mais il y eut aussi le Jodel de Konolfingen, qui, c'était clair comme le jour, me convenait bien mieux que la représentation de *Romulus* à Zurich. Tandis que le jeune pianiste jouait, je songeai aux circonstances dans lesquelles j'avais vu son grand-père pour la dernière fois : il avait déménagé de Rochefort à Zurich ; dans je ne sais quel fantomatique et minable hôpital, il était couché, mourant ; c'était une pauvre pièce du rez-de-chaussée, qui donnait sur la rue. Et devant le chœur de Konolfingen, je me demandai si l'un des choristes, peut-être, avait fait partie de ces jeunes du coin qui, à l'époque, m'avaient rossé, et pouvaient le faire parce qu'ils étaient plus âgés que moi. Puis je pris conscience que j'étais actuellement plus âgé que la très grande majorité de ces jodleurs, avec leur costume beige clair et leurs chapeaux noirs plats, et que seuls quelques-uns d'entre eux pouvaient avoir un âge aussi avancé que le mien, à la rigueur. Lorsque la salle de la Cité universitaire, dans laquelle avait lieu la fête, se fut lentement vidée, je remarquai, au dernier rang, un vieillard que je ne reconnus pas tant il avait changé. C'était le Maître. Je vins à lui. « *Je suis un encore la* », dit-il. Plus tard, avec le recteur et quelques connaissances, je remontai vers la ville ; pour faire suite à la fête, j'avais prévu un repas au Rocher, chez Liechti. Mon médecin de Berne m'accompagnait ; nous avons grimpé, en direction de la gare, un escalier qui semblait ne jamais devoir finir ; je sentais chez le médecin le même souci, à mon sujet, qu'il avait eu jadis, lorsqu'il m'avait accompagné à la librairie pour que j'y choisisse mes lectures d'hôpital. Chez Liechti, où les autres étaient déjà réunis, je rencontrai à nouveau le Maître. C'est sur ma demande qu'il avait été invité, mais il maintint que l'invitation émanait de la ville. « *Nous payerons quand même* », affirma-t-il. Il resta jusque vers onze heures. Un ami de Liechti, un aubergiste chez qui je mange parfois, le reconduisit chez lui. Je pris congé : « *Au revoir, Maître.* » Il répondit : « *Le Maître, c'est vous, car je ne suis qu'un centimètre.* » La première fois qu'il prenait les choses avec un brin d'humour. Lorsque l'aubergiste l'eut reconduit chez lui, le Maître lui ordonna d'entrer. L'homme, un brave Suisse alémanique, obéit. Le Maître s'assit dans son hall, sur une chaise, posa les pieds sur un fauteuil et ordonna : «*Enlevez-moi les chaussures!*»

(Traduit de l'allemand par Etienne Barilier)

Ein Turm und ein Bauch

Interview mit Mario Botta

Auf der ganzen Welt hat der Tessiner Architekt Mario Botta Projekte von grosser Bedeutung realisiert. Im Vergleich zu diesen Museen, Kirchen, öffentlichen Bauten, Verwaltungs- und Privatgebäuden macht sich das Centre Dürrenmatt in Neuchâtel geradezu winzig aus. Doch wie andere kleine Bauten des Meisters aus Lugano – zum Beispiel die Kapelle am Monte Tamaro – besitzt auch das Centre Dürrenmatt eine ganz eigene Monumentalität. Mario Botta spricht mit Roman Hollenstein über die Bedeutung dieses Gebäudes und über seine Beziehung zu Friedrich Dürrenmatt.

Der offizielle Architekt

Roman Hollenstein: Mario Botta, Sie haben in den letzten Jahren sowohl in der Schweiz wie im Ausland öffentliche und private Bauten ersten Ranges geschaffen. Daneben wirkt das Centre Dürrenmatt fast wie eine Miniatur. Worin besteht die Bedeutung des Zentrums?

Mario Botta: Mit der Architektur ist es wie mit der Malerei: Ein kleines Bild von Paul Klee kann ausgesprochen intensiv und aussagekräftig sein. Ich denke, dass Architektur als Organisation des menschlichen Lebensraumes nicht nur von ihren Dimensionen her beurteilt werden darf. Auch ein kleines Werk ist unter Umständen hochinteressant. Das Centre Dürrenmatt ist mit der aussergewöhnlichen Persönlichkeit von Friedrich Dürrenmatt, der so typisch schweizerisch und gleichzeitig unschweizerisch war, eng verbunden. Ich bin Dürrenmatt nur sporadisch begegnet. Da wir uns ausschliesslich auf Französisch unterhalten konnten, war die Verständigung nicht ganz problemlos. Bei unseren letzten Treffen hat er mir von seinem letzten Roman «Durcheinandertal» erzählt. Auf mich hat Dürrenmatt wegen seiner Fähigkeit, den schweizerischen Perfektionismus auf ebenso groteske wie ironische Weise darzustellen, stets eine grosse Anziehungskraft ausgeübt. Meiner Meinung nach war er eine der hellsichtigsten Persönlichkeiten des 20. Jahrhunderts, und zwar nicht nur in Bezug auf die Schweiz. Die Idee, einen kleinen Ausstellungspavillon für ihn zu errichten – er hat ja auch auf dem Gebiet der Malerei ein aussergewöhnliches Werk hinterlassen –, hat mich fasziniert. Als mich Charlotte Kerr – am Tag nach Weihnachten 1991 – anrief, war mir sofort klar, dass ich dieses Zentrum, das an die Gedankenwelt Dürrenmatts heranführen sollte, entwerfen würde. Gleich darauf habe ich die ersten Skizzen für das Gelände in Neuenburg in Angriff genommen. Man musste ja damit rechnen, dass das Projekt in Zürich realisiert würde, da der Verleger in Zürich war, Freunde wie Peter Nobel in Zürich lebten, Pläne für eine Ausstellung in Zürich bestanden usw. Mir schien es richtiger, die Leute an diesen abgelegenen und auch ein wenig trostlosen Ort kommen zu lassen, der besser geeignet war, den Geist Dürrenmatts verstehen zu lernen.

Une tour et un ventre

Un entretien avec Mario Botta

L'architecte tessinois Mario Botta a jusqu'à présent réalisé des projets très importants pratiquement dans le monde entier. En comparaison avec ces grandes réalisations (musées, églises, bâtiments publics, administratifs ou privés), le Centre Dürrenmatt à Neuchâtel paraît minuscule. Mais comme d'autres ouvrages architecturaux de petites dimensions du maître luganais, par exemple la chapelle du mont Tamaro, le Centre Dürrenmatt a une monumentalité toute particulière. Mario Botta explique l'importance de cet édifice et parle de ses rapports avec Friedrich Dürrenmatt dans une conversation avec Roman Hollenstein.

L'architecte officiel

Roman Hollenstein : Cher Professeur, vous avez ces dernières années réalisé des bâtiments publics ou privés très importants, en Suisse comme à l'étranger. Dans ce contexte, le Centre Dürrenmatt est quasiment une miniature. Quelle est l'importance de cet édifice ?

Mario Botta : En architecture, c'est un peu comme en peinture, un petit tableau de Paul Klee peut avoir une grande intensité, faire passer un grand message. Je crois que l'architecture en tant qu'organisation du cadre de vie de l'homme ne peut se mesurer en termes quantitatifs. Ainsi, un petit travail peut très bien lui aussi revêtir un grand intérêt. Le Centre Dürrenmatt est lié à Friedrich Dürrenmatt, cette figure extraordinaire à la fois tellement suisse et tellement éloignée de la Suisse. Je n'ai rencontré Dürrenmatt qu'en de rares occasions. Il y avait un problème de communication dans la mesure où nous ne pouvions nous entretenir qu'en français. Dans les derniers temps, il m'avait parlé de son dernier roman *Val Pagaille*. Personnellement, j'ai toujours été fasciné par cette capacité qu'il avait d'interpréter tout le sérieux suisse sur le ton du grotesque, de l'ironie. Dürrenmatt est à mes yeux une des personnes les plus lucides qu'ait connues le vingtième siècle, et non seulement à l'échelle de la Suisse mais de l'humanité. Alors, l'idée de lui faire un petit pavillon d'exposition après sa mort, lui qui a également laissé cette œuvre picturale si particulière, m'a énormément intéressé. Quand Charlotte Kerr m'a téléphoné en 1991, le lendemain de Noël, j'ai d'emblée été convaincu qu'il me fallait réaliser ce Centre, qui exhalerait un peu de la pensée de Dürrenmatt. J'ai immédiatement fait des esquisses et des dessins pour Neuchâtel. Sinon tout risquait de partir à Zurich, parce que l'éditeur était à Zurich, parce que les amis, comme Peter Nobel, étaient à Zurich, parce qu'une exposition a ensuite été organisée à Zurich et ainsi de suite. Il m'a semblé au contraire plus juste de faire venir les gens dans cet endroit si isolé, et même un peu désolé, pour mieux comprendre l'esprit de Dürrenmatt.

Désolé dans quel sens?

Un peu triste. Un peu en marge du grand courant. Il m'a semblé qu'il était juste de travailler là où lui a travaillé, de partir de cette petite maison, de cette bibliothèque, et de trouver un moyen d'ajouter quelque chose pour transformer

Trostlos inwiefern?
Er ist ein wenig traurig. Abseits der grossen Ereignisse. Mir schien es richtig, dort zu beginnen, wo er gearbeitet hat, von diesem kleinen Haus auszugehen, von der Bibliothek, und daneben einen neuen Raum zu schaffen, der das Haus veränderte, ohne es in ein Mausoleum zu verwandeln. Ein neues Element war unbedingt notwendig: Ein Künstlerhaus ohne Künstler ist eine traurige Angelegenheit. Zudem bestand die Gefahr, dass der Ort zu einer nostalgischen Gedenkstätte würde. Das neue Element zwingt den Besucher, sich mit diesem «Wohnraum» über dem See neu auseinander zu setzen.

Worin unterscheidet sich das Centre Dürrenmatt von Ihren anderen Bauten?
Jede Arbeit hat ihre eigene Identität. Zum Glück entscheidet der Architekt nicht allein über das zu schaffende Werk. Wir werden immer ausgewählt, und darauf interpretieren wir unsere eigene Zeitgeschichte. Dabei handelt sich einmal um das Tinguely-Museum, ein andermal um die Cymbalista-Synagoge in Tel Aviv, um ein Haus oder eine Bibliothek. Der Architekt steht gewissermassen im Dienst seines Auftrags. Das Centre Dürrenmatt hat eine ganz eigene Identität: Es ist technologie- und modernitätsfeindlich, und zwar insofern, als es ein Ort der Betrachtung und nicht ein Ort des Konsums sein will. Betrachtung ist von Modernität, Hightech und kulturellem Supermarkt weit entfernt.

Fühlen Sie sich trotzdem als moderner Architekt?
Ja, ich hoffe, einer zu sein. Denn die Modernität beinhaltet ihr eigenes Alter, ihre eigene Archaik. Meiner Ansicht nach hat die Architektur (gerade weil sie das menschliche Leben überdauert) unter anderem die Aufgabe, verborgene Werte sichtbar zu machen, positive Werte, die uns mit der Vergangenheit verbinden. Betrachten wir ein Gebäude, begreifen wir über seine physische Form die dazugehörige Institution. Das Centre Dürrenmatt zu errichten, war für mich wichtig. Hier habe ich eine Raumintensität angestrebt, die bei grossen Bauten nicht immer möglich ist. Der Zusammenhang zwischen Raumorganisation und Aussage ist deutlicher spürbar.

Sie haben das Zelt für die 700-Jahrfeier von 1991 realisiert, die – nicht verwirklichten – Pläne für die Erweiterung des Bundeshauses entworfen, das Museum Jean Tinguely in Basel errichtet und das Modell der römischen Kirche San Carlino von Francesco Borromini auf dem Luganersee im Massstab 1:1 gebaut. Und nun auch das Centre, das dem bedeutendsten Schweizer Theaterexponenten des 20. Jahrhunderts gewidmet ist. Stimmt es, dass Sie der offizielle Architekt der schweizerischen Kultur geworden sind?
Ich halte dies für ein Produkt des Zufalls, denn paradoxerweise fühle ich mich der Schweizer Kultur keineswegs nahe – im Gegenteil. Ich bin italienischer Mutter-

la maison et éviter qu'elle ne devienne un mausolée. Il est nécessaire d'ajouter quelque chose de nouveau, parce qu'autrement ç'aurait été triste : il n'est en effet rien de plus triste que la maison d'un artiste sans l'artiste. Il fallait aussi éviter qu'elle se réduise à n'être qu'un mémorial de Dürrenmatt. Il me semble que l'élément nouveau, par sa présence, a modifié la perception de ce paysage qui domine le lac.

En quoi le Centre Dürrenmatt se distingue-t-il de vos autres réalisations ?
Chaque travail a une identité propre. L'architecte ne peut décider ce qu'il faut construire. Nous sommes choisis et, à partir de là, nous interprétons l'histoire de notre temps. Une fois, il s'agit du musée Tinguely, une fois de la synagogue Cymbalista à Tel-Aviv, une autre fois d'une maison familiale ou d'une bibliothèque. L'architecte est en un sens au service de la demande. Le Centre Dürrenmatt a une intensité propre toute particulière : anti-technologique, anti-moderne. Anti-moderne en ce sens qu'il est appelé à être un lieu de réflexion. C'est là un thème très éloigné de la modernité, du *high-tech,* du supermarché culturel.

Mais vous considérez-vous au demeurant comme un architecte moderne ?
Oui, j'espère bien l'être. Mais il y a aussi quelque chose d'antique, d'archaïque dans la modernité. Je crois que le rôle de l'architecture, du fait même qu'elle dure plus longtemps que la vie de l'homme, consiste aussi à véhiculer des valeurs cachées, des valeurs positives sous-jacentes. Lorsque nous regardons un édifice, nous voyons l'institution également à travers sa forme extérieure. Aussi le fait d'avoir réalisé le petit Centre Dürrenmatt est pour moi très important. Cela m'offre une intensité d'émotion que le supermarché ne m'offre pas, que peut-être même le théâtre ne m'offre pas. Il y a ici plus de *feeling* entre l'organisation de l'espace et la pensée que doit susciter cet espace.

Vous avez construit la tente pour les festivités de 1991, vous êtes l'auteur du projet d'extension du Palais fédéral, qui n'a pas été réalisé, vous avez aménagé le musée Jean Tinguely à Bâle et la maquette grandeur nature de l'église romaine San Carlino de Francesco Borromini sur le lac de Lugano. Et maintenant le Centre dédié au plus grand dramaturge suisse du XXe siècle. Est-ce à dire que vous êtes devenu l'architecte officiel de la culture suisse ?
Je crois qu'il s'agit d'une série de coïncidences, car, paradoxalement, personne n'est plus éloigné que moi de la culture suisse. Je suis de langue italienne, je suis né dans une région périphérique de la Suisse, je ne parle pas l'allemand, je n'ai pas de connaissances ni de rapports au niveau institutionnel. Mais je vais vous expliquer. Prenons l'exemple de la tente des célébrations du 700e anniversaire. Il ne s'agissait pas du tout d'une commande officielle. Marco Solari vient me trouver et me dit qu'il faut faire une tente au Castel Grande de Bellinzone pour un banquet. Comme toujours, il n'y avait pas d'argent. J'ai malgré tout inventé cette tente par envie de me confronter au château de Bellinzone. L'idée de la tente pouvant voyager n'est venue qu'après coup. Cette tente a fini par devenir une

sprache, wurde in einem Randkanton der Schweiz geboren, spreche kein Deutsch, ich kenne die Institutionen schlecht und habe auch keine Beziehung zu ihnen. Doch Ihre Frage lässt sich schon beantworten. Das Zelt für die 700-Jahrfeier zum Beispiel war ursprünglich kein offizieller Auftrag. Marco Solari kam mit einer genauen Vorstellung zu mir: Er wollte ein Zelt beim Castel Grande von Bellinzona, das verschiedenen Aktivitäten Raum bietet. Wie immer war kein Geld vorhanden. Ich habe die Struktur trotzdem entworfen, aus reiner Lust, mich mit dem Castello in Bellinzona auseinander zu setzen. Die Idee eines Wanderzeltes kam erst später auf. Aus dem Zelt wurde schliesslich ein Bild – allerdings ein leeres Bild. Paradox, nicht wahr? Das Bild war stärker als der Inhalt. Und dies nur dank dem Wunsch, mit den mittelalterlichen Mauern dieser Burg in einen Dialog zu treten. Das Projekt für das Bundeshaus hingegen war ein Wettbewerb. Ich war wie viele andere eingeladen, daran teilzunehmen. Dann wurde die Idee einer Bundeshaus-Erweiterung aus politischen Gründen fallen gelassen. Das Tinguely-Museum entstand nach einem Gespräch mit Fritz Gerber und Paul Sacher. Nach ihren Worten hatte Tinguely erklärt, wenn ein Museum gebaut werde, müsse ich dies tun. Ich war mit Jean Tinguely befreundet. Er mochte Architekten allerdings nicht. Er meinte immer: «Du baust, ich zerstöre. Du suchst die Stabilität, ich die Mobilität.» Zwischen uns herrschte ein scherzhafter Ton. Doch um Ihre Frage zu beantworten: Vielleicht handelt es sich um einen offiziellen Charakter der informelleren, authentischeren Art. Ich habe vom Bund nie direkt einen Auftrag erhalten. Ich habe für den Staat auch nie ein Zollgebäude oder eine Kaserne gebaut. Deshalb ist es zumindest seltsam, dass meine Spuren institutionell anmuten. Sie sind vielmehr das Resultat besonderer Umstände. Dasselbe gilt auch für das Centre Dürrenmatt. Dürrenmatt war der ketzerischste Schweizer überhaupt. Erst nach seinem Tod war es möglich, an eine Institution dieser Art überhaupt nur zu denken – obschon sich Dürrenmatt in der Tiefe seiner Seele wahrscheinlich sehr als Schweizer und Patriot fühlte. Er hat seinen literarischen Nachlass schon zu Lebzeiten der Eidgenossenschaft vermacht. Ich weiss nicht, ob Ihre Frage damit beantwortet ist – sie lässt sich genau so gut bejahen wie verneinen.

Dann könnte man sagen, dass Sie aufgrund Ihrer Begeisterung zum «offiziellen Architekten» geworden sind? Weil es leicht ist, Sie für ein Projekt zu gewinnen und Sie zu überzeugen, ein idealistisches Werk wie das Centre Dürrenmatt zu entwerfen?

Da haben Sie Recht. Vielleicht ist es der Ausdruck «offiziell», der mir nicht gefällt. Er beinhaltet, dass man im Dienst der Macht steht. Ich wurde aber nie von der Macht beauftragt.

image, mais une image vide. Une chose paradoxale. L'image était plus forte que les contenus. Tout cela est issu de la volonté de dialoguer avec le château, avec les murailles. Dans le cas du Palais fédéral, il s'agissait d'un concours. J'y ai participé parmi d'autres. Puis est venue cette idée d'agrandissement du Palais fédéral, pour des raisons politiques. Pour ce qui est du musée Tinguely, il est né lorsqu'un jour Fritz Gerber et Paul Sacher m'ont téléphoné : « Tinguely nous a dit : si un musée doit se faire, c'est à toi de le faire. » J'avais un rapport d'amitié avec Jean Tinguely. Mais lui n'aimait pas les architectes. Il disait : « Tu construis et moi je détruis, tu es fixe et moi mobile. » Nos rapports ont toujours été sur le ton de la plaisanterie. Mais pour répondre à la question : peut-être est-ce une forme d'officialité plus authentique, moins formelle. Je n'ai jamais eu un mandat de la Confédération. Je n'ai jamais construit de douane ni de caserne. Aussi il est curieux que les signes que j'ai laissés semblent institutionnels. En réalité ils sont le résultat de coïncidences très particulières, comme d'ailleurs pour le Centre Dürrenmatt. Dürrenmatt était le plus hérétique des Suisses. Eriger une institution de ce type était impensable de son vivant. Mais au fond Dürrenmatt se sentait très suisse et très patriote. Avant sa mort, mû par le désir de créer des archives littéraires, il a fait don de toutes ses archives à la Confédération. Je ne sais pas si j'ai répondu à votre question, mais je sens qu'il y a là quelque chose de vrai mais aussi quelque chose d'étrange, d'hérétique.

On pourrait donc dire que vous êtes devenu « architecte officiel » en raison de votre enthousiasme ? Parce qu'il est facile de vous convaincre de réaliser un projet, de créer quelque chose par idéalisme, comme dans le cas du Centre Dürrenmatt.

C'est cela ; « officiel » est un terme que je n'aime pas. Parce qu'officiel cela veut dire qu'on est appelé par le pouvoir. Or je n'ai jamais été appelé par le pouvoir.

Le mandat de construire

Vous êtes l'auteur de la scénographie de l'exposition Dürrenmatt qui a eu lieu au Kunsthaus de Zurich. Quel rapport y a-t-il entre le mandat pour le Centre Dürrenmatt et cette exposition?

Au moment de l'exposition, ç'a été assez simple. J'avais des contacts avec Charlotte Kerr et avec Peter Nobel et je pouvais me permettre de dire : « Donnez-moi un coup de main pour la préparation. » Lorsque le Kunsthaus m'a demandé de m'occuper de l'exposition Dürrenmatt, il n'y avait pas d'argent. Mais c'était sans importance, pour moi, l'important c'était l'exposition Dürrenmatt. Ce n'est qu'après coup que je me suis rendu compte que le défi serait de taille. La difficulté d'exposer un auteur m'est tout à coup apparue. Un accrochage conventionnel

Der Auftrag

Sie haben die Inszenierung der Dürrenmatt-Ausstellung im Kunsthaus Zürich entworfen. Welche Verbindung besteht zwischen dem Auftrag für das Centre Dürrenmatt und der Ausstellung?
Bei der Ausstellung im Kunsthaus lagen die Dinge verhältnismässig einfach. Ich stehe zu Charlotte Kerr und Peter Nobel in einem freundschaftlichen Verhältnis; es war deshalb naheliegend, mich um Hilfe bei der Austellungseinrichtung «anzugehen». Geld war zwar nicht vorhanden, doch mir war diese Ausstellung wichtig. Erst nachträglich wurde mir bewusst, welche Aussagekraft in der Einrichtung selbst liegen konnte. Diese Inszenierung bringt die Schwierigkeit zum Ausdruck, einen Künstler auszustellen, der eher Literat als Maler war. Ich konnte mir nicht vorstellen, die Bilder von Dürrenmatt ganz einfach an die Wand zu hängen. Ich habe Dürrenmatt eher über seine Zeichnungen und sein Werk als Maler als über seine Literatur begriffen, zumal mir seine Bücher nur via Übersetzung zugänglich sind. Die Zeichnung ist direkt. Das Bild des Abendmahls mit den Bankiers sagt im Grunde genommen bereits alles. Die Bildsprache besitzt eine unmittelbare Kraft. In Zürich habe ich diese Bilder angeordnet, als wären sie Fenster in der Mauer und nicht Bilder an der Wand. Der Rahmen ist lediglich ironisches Zubehör.

Dank der Zusammenarbeit mit Charlotte Kerr Dürrenmatt konnten Sie das Zentrum als einen Direktauftrag realisieren, der schliesslich zum Auftrag des Bundes wurde. Bereitet Ihnen dieser direkte und offizielle Auftrag keine Probleme angesichts der Tatsache, dass an dieser Vergabe zahlreiche andere Architekten interessiert gewesen wären?
Als ich dieses Projekt in Angriff nahm, wusste man noch nicht, dass das Literaturarchiv und der Bund sich daran beteiligen würden. Da gab es die Dürrenmatt-Stiftung mit dem ganzen bildnerischen Nachlass, und da gab es Charlotte Kerr und Peter Nobel als Stiftungspräsident. Erst später gelangte man zur Überzeugung, dass für die Errichtung des Zentrums ein Einbezug des Literaturarchivs und daher auch der Landesbibliothek unverzichtbar war. Damit wurde das Projekt erst in einer zweiten Phase «schweizerisch».

Manche sagen jedoch, dass es sich hier um ein offizielles Bundesprojekt handle, das gleichzeitig ein Direktauftrag ist. Sie sind der Meinung, dass dies nicht korrekt sei und man einen Wettbewerb hätte durchführen müssen.
Diese Meinung teile ich – sofern ein Kunde existiert und ein Programm vorliegt. Hier aber (ein wenig wie beim Zelt) gab es weder ein Programm noch einen Kunden, der beschliessen konnte, einen Dürrenmatt-Pavillon mit einem bestimmten Programm zu erstellen. Die Forderung dieser Kritiker ist generell dann berechtigt, wenn eine Institution involviert ist. Ein aktuelles Beispiel ist der Ausbau des Landesmuseums. In unserem Fall kam das Thema nur allmählich auf, und erst nach Jahren entstand daraus ein «institutionelles» Projekt. Zudem habe ich das Vorprojekt unentgeltlich zur Verfügung gestellt, und darüber hinaus wäre das Centre Dürrenmatt ohne den festen Willen von Charlotte Kerr gar nicht zustande gekommen. Am Anfang bestand vom Bund her keine Notwendigkeit, das Centre zu einer eidgenössischen Angelegenheit zu machen. Als dieser Beschluss fiel, steckten wir bereits mitten in der Arbeit. So lagen die Dinge.

Mussten Sie Ihr Projekt ändern, als der Bund die Führung übernahm?
Nein, das Architekturprojekt blieb, wie es war. Geändert wurden das Projektmanagement und die Ausführung. Die Idee stammt allerdings aus dem Jahr 1991. Das Projekt erwies sich bereits vor dem Einbezug des Bundes als zu kostspielig, so dass wir nach Alternativlösungen suchten. Zur Diskussion stand ein kleiner, abseits stehender Turm, doch schliesslich entschieden wir uns für die Ursprungsidee in redimensionierter Form: dasselbe Projekt am gleichen Ort, aber kleiner.

Sind Sie bei den Projektarbeiten zuerst von äusseren Aspekten oder vom Innenraum ausgegangen?
Weder das eine noch das andere. Am schwierigsten war die Positionierung. Da war das alte Haus, dazu weiter oben das neue, dazwischen ein Atelier und ein Schwimmbecken. Die Anordnung des Zentrums in Bezug auf diese Gruppe zu erarbeiten, war ein schwieriges Unterfangen.

Konnten Sie den Standort frei wählen?
Ja, sicher, wir haben auch andere Standorte ins Auge gefasst, zum Beispiel weiter unten im Garten. Dieses *Vallon de l'Ermitage* mit seinen Gebäuden, die heute gar nicht mehr gebaut werden dürften, hat etwas Mysteriöses. Der Rahmen ist ungewöhnlich und siedlungstechnisch gesehen ein Unikum. Da gibt es ein Wäldchen mit halb urbanem Charakter, wo Dürrenmatt sein Labyrinth hatte, seinen Garten. Die Reichhaltigkeit dieses Ortes ist fester Bestandteil der Ausstellung. Sie ist nicht wie die Alte Pinakothek in München, wo man einen Raum betritt, der eigens zu diesem Zweck geschaffen wurde. Hier macht sich der Berg breit und steckt Dürrenmatt den Rahmen. Hier gibt es keine Fassaden, sondern einen unterirdischen Raum.

Vor Jahren haben Sie den Grundsatz vertreten, dass der Ort erst gebaut werden muss. Das Centre setzt jedoch von der Umgebung her gesehen kein markantes Zeichen, sondern ist in die Landschaft integriert. Ist dies eine Hommage an Dürrenmatt oder an den Ort, wo er seit 1952 gelebt und gearbeitet hat?
Ein markantes Zeichen braucht es immer dann, wenn das Gelände minderwertig ist. Beispielsweise an einer Stadtperipherie drängt sich ein markantes Zeichen auf. Doch hier handelt es sich um ein Grundstück, das nicht verstädtert ist. Als ehemaliger Wohnsitz Dürrenmatts wird es wohl weiterhin im Wald liegen. Wichtig ist das Mass. Das gilt auch für diesen Grundsatz: Er hat keine absolute Gültigkeit, sondern muss anhand der örtlichen Gegebenheiten überprüft werden. Ich finde zum Beispiel, dass dieses Projekt in einem gewissen Sinn ein markantes Zeichen setzt, weil es das bestehende Gleichgewicht spürbar verändert. Das Projekt nimmt jedoch auch Rücksicht auf Bestehendes und fügt sich in das vorgegebene Gelände mit dem alten Haus vor dem Wäldchen ein. Meiner Ansicht nach haben wir mit diesem Bau das richtige Mass getroffen.

était pour moi hors de question. J'ai davantage compris Dürrenmatt à travers ses dessins et son travail de peintre qu'à travers ses écrits car j'ai toujours reçu l'œuvre littéraire à travers des traductions. Le dessin passe immédiatement. Quand je vois les *Banquiers*, le tableau de la «dernière cène» des banques, avec les banquiers pendus, tout y est, en somme. Il y a cette force du langage expressif, figuratif, qui passe immédiatement. J'ai décidé de traiter les tableaux comme si c'étaient des fenêtres sur les murs, non pas des tableaux accrochés. Les cadres ne passent que s'ils sont pris de manière ironique.

Grâce à votre collaboration avec la veuve de Dürrenmatt, Madame Charlotte Kerr, vous avez pu réaliser le Centre sur mandat direct, qui est devenu à la fin un mandat de la Confédération. Ce mandat officiel direct ne vous pose-t-il pas de problèmes, dans la mesure où tant d'autres architectes étaient intéressés par ce travail ?

Il faut dire une chose. Quand j'ai fait ce projet, on ne savait pas qu'il y aurait des Archives littéraires, on ne savait pas qu'il y aurait la Confédération. Il y avait la Fondation Dürrenmatt, autrement dit ce qu'il avait laissé. Puis il y avait Charlotte, et Peter Nobel, qui présidait la fondation. Ce n'est que par la suite qu'on a compris qu'il était intéressant pour réaliser ce projet d'avoir un rapport avec les Archives littéraires, avec la Bibliothèque nationale suisse. Le projet n'est donc devenu suisse qu'après coup.

Mais certains disent maintenant qu'il s'agit d'un projet officiel de la Confédération et, en même temps, d'un mandat direct et que cela n'est pas juste. Qu'il aurait fallu faire un concours.

Je suis entièrement de cet avis mais encore faut-il qu'il y ait un client et un programme. En l'occurrence, un peu comme dans le cas de la tente, il n'y avait pas de programme et il n'y avait pas non plus de client pour dire : « Je veux faire le pavillon pour Dürrenmatt, voici le programme des contenus. » Ces critiques sont tout à fait valables pour les institutions, quand il existe un programme, comme actuellement dans le cas de l'agrandissement du Musée national suisse. Mais dans le cas présent, le thème c'est nous qui l'avons inventé. Ce n'est devenu un projet de la Confédération que des années après. Il est également vrai que j'ai offert le projet préliminaire et que sans la volonté de Charlotte jamais le Centre Dürrenmatt n'aurait vu le jour. La Confédération n'avait pas la nécessité de faire ce Centre. La Confédération est venue après, c'est un travail qu'elle a pris en cours de route. Ce n'est pas que je tienne à tout prix à défendre cette position, mais c'est la vérité.

Avez-vous dû modifier le projet après que celui-ci fut passé des mains de particuliers à celles de la Confédération ?

Non, le projet architectural non. Il y a eu quelques petits changements dans la gestion et dans la mise au point. Mais l'idée remonte à 1991. Avant l'intervention de la Confédération c'était trop cher. Nous avons étudié d'autres variantes et imaginé par exemple une petite tourelle, plus isolée. Et puis, à la fin, le projet a été à nouveau ramené à de plus petites dimensions. C'est encore la même chose, au même endroit, mais en plus petit.

En élaborant le projet, avez-vous pensé d'abord à l'aspect extérieur du Centre ou à la manière dont serait organisé l'espace intérieur ?

Ni l'un ni l'autre, le plus difficile a été de choisir l'endroit. Vu la configuration des lieux, avec l'ancienne maison, la seconde au-dessus, l'atelier entre les deux et la piscine, il n'était pas évident de savoir où placer le Centre.

Mais avez-vous pu choisir l'endroit en toute liberté ?

Oui, bien sûr. A vrai dire, nous avons également envisagé d'autres emplacements, par exemple plus bas dans le jardin. Ce vallon, avec cet ermitage, a quelque chose d'un peu mystérieux, avec ces maisonnettes qu'on ne pourrait plus faire aujourd'hui. C'est donc également un peu vivre cette condition singulière s'inscrivant dans l'urbanisation générale. Il y a le bois, mais il y a également cette semi-urbanité où Dürrenmatt faisait son labyrinthe, son jardin. C'est ce qui fait la richesse du lieu. L'endroit fait partie de l'exposition. Ce n'est pas comme à l'ancienne Pinacothèque de Munich où j'entre et je trouve l'espace. C'est comme si la montagne se renflait pour contenir Dürrenmatt dans ses entrailles. Il n'y a pas de façades. C'est un espace souterrain.

Quelques années en arrière, vous défendiez l'idée qu'il faut « construire » le site. Mais ici, vous n'avez pas mis de signe fort dans le territoire. L'édifice fait plutôt partie du paysage. S'agit-il d'un hommage à Dürrenmatt, ou d'un hommage à l'endroit où Dürrenmatt a vécu et travaillé depuis 1952 ?

Il est important de construire un signe quand le site est déjà très dégradé. Si je suis dans une périphérie, j'ai besoin d'un signe fort. Mais ici il n'y a pas de développement urbain. Cette zone restera toujours dans le bois, comme la maison de Dürrenmatt. Tout est question de mesure, quand on fait une affirmation aussi. Rien n'a de valeur dans l'absolu. Il faut mesurer l'affirmation à la réalité du lieu. Je crois, par exemple, que ce projet est en un certain sens un projet fort parce qu'il modifie les rapports d'équilibre existants. Mais c'est aussi un projet respectueux, bien intégré dans le paysage de l'ancienne maison, de la forêt, du bois derrière. Je crois que c'est la bonne mesure.

Mais c'est aussi une construction très cachée. Quand on arrive, on ne voit rien d'autre que le tuyau de ventilation et un mur en ardoise. On en vient à se demander où peut bien se trouver le Centre Dürrenmatt.

C'est ce que je voulais. Le tuyau de ventilation est un peu ironique. Tu arrives là-haut et tu trouves une ventilation. Pourquoi ? Du point de vue technique, tout est juste. Aussi je n'ai pas voulu faire d'acrobaties. Chaque élément a sa fonction : la terrasse, le tuyau de ventilation, l'ancienne maison.

Jamais vous n'avez songé à démolir cette vieille maison ?

Non, car elle fait, selon moi, partie de l'exposition. C'est là que Dürrenmatt travaillait. C'était très important, même si elle est modeste du point de vue architectural.

Das Centre liegt jedoch halb verborgen. Beim Näherkommen sieht man nur das Belüftungsrohr und eine Mauer aus Schiefer. Man muss nach dem Centre Dürrenmatt suchen.
Das freut mich. Das Belüftungsrohr hat einen ironischen Beigeschmack. Da kommt einer aus der Stadt, und was findet er hier? Das Zeichen der Belüftung. Und warum? Technisch gesehen liegt dieses Rohr genau richtig. Da war kein Grund, eine kunstvolle Lösung herbeizuführen. Jedes Element hat seine Berechtigung: die Terrasse, das Belüftungsrohr, das alte Haus…
Haben Sie je daran gedacht, das alte Haus abzureissen?
Nein, es ist ja Teil der Ausstellung. Das alte Haus war Dürrenmatts Zuflucht. Hier hat er gearbeitet. Das ist ein wichtiger Umstand, auch wenn das Gebäude selbst vom architektonischen Standpunkt aus bescheiden ist.

Der Stellenwert des Centre Dürrenmatt im Gesamtwerk Bottas

Für mich sind Sie immer auch ein Meister der kleinen Projekte, die Ansätze einer imposanten Monumentalität verraten, aber gleichzeitig eine intime Monumentalität ausstrahlen. So zum Beispiel die Kirchen von Mogno oder des Monte Tamaro, sowie einige Einfamilienhäuser. Ist das Centre Dürrenmatt eher mit den Kirchen oder mit den kleineren Privathäusern zu vergleichen?
Ich wüsste nur zu gern, was Dürrenmatt zu dieser Vorstellung sagen würde: Er als Atheist und Agnostiker am Ende in einer Kirche. Dürrenmatt war ein aussergewöhnlicher Mensch. Gegen sein Lebensende hat ihn sein kritischer Verstand bewogen, Engel und apokalyptische Szenen zu zeichnen. Die zentralen Religionsfragen waren stets präsent. Er war im weltlichen Sinn ein tief religiöser Mann. Ich wollte ein zeitgenössisches architektonisches Zeichen setzen, das dem Besucher den Zugang zur «Welt» Dürrenmatts erleichtern sollte. Dürrenmatt lebte in einer physisch sehr begrenzten Welt: zwei Häuser, das Atelier, das Schwimmbecken, das Tal, wo er spazieren ging. Er war kein grosser Reisender, auch kein Grossstädter. Diese häusliche Dimension ist Ausdruck einer ausserordentlichen moralischen Kraft. Ich hoffe, dass es mir gelungen ist, den Besuchern und Besucherinnen diese Grundstruktur verständlich zu machen.
Wie würden Sie die Architektur und das etwas rätselhafte Erscheinungsbild des Centre Dürrenmatt schildern?
Die Architektur ist ziemlich einfach. Wir haben dem alten Haus einen kleinen Turm zur Seite gestellt; dazwischen liegt der Eingang. Durch das Glasdach des Türmchens fällt das Licht bis ins Erdgeschoss direkt in einen «Bauch», der sich zum Tal vorschiebt: ein mit dem Türmchen bergwärts verbundener, unterirdischer Raum, und daneben das alte Haus. Diese unterirdische Struktur ist in ihren Dimensionen massvoll, obschon der Bau selbst keine Kleinigkeit ist. Damit ist eine bestimmte Absicht verbunden. Steigt der Besucher vom Turm herunter, erlebt er eine Überraschung: Er findet sich in einem Raum wieder, der im Inneren des Berges steckt. Aussen haben wir das Centre – als Hommage an Dürrenmatt – mit einem dunklen Stein verkleidet, einem schwarzen Schiefer. Auf diese Weise erscheint das alte Haus daneben noch weisser. Die schwarze Fassade wird durch kleine Öffnungen aus Glasbeton unterbrochen, die in der Nacht wie Friedhoflichter leuchten. Der Grossteil des Raumes befindet sich unter der Erde, mit allen Vorteilen, die eine unterirdische Architektur mit sich bringt: Wer unter der Erde ist, gehört der Erde an. Unterirdische Architektur vermittelt ein sehr schönes Gefühl. Die moderne Architekturkultur hat sich vor allem mit hohen, in den Himmel strebenden Bauten befasst. Die Höhlenarchitektur hingegen, eine urtümliche Architektur, löst ein überraschendes Gefühl der Geborgenheit aus.
Diese unterirdische Architektur steht auch im Einklang mit Ihrer Vorstellung von archaischen Werten.
Das stimmt, man fühlt sich «Mutter» Erde sehr nahe.
Sie haben ein schwarzes Gestein – Schiefer aus Branzi – gewählt, in Anlehnung an die dunkle, sarkastische Seite von Dürrenmatts Werk. In der Region von Neuchâtel gibt es jedoch auch ein helles Gestein, den Jurastein. Haben Sie je daran gedacht, dem Ort, wo Dürrenmatt gelebt hat, damit Ehre zu erweisen?
Das habe ich, und wir haben auch Gesteinsproben entnommen. Der Versuch erwies sich letzten Ende als ein vorwiegend nostalgisch motiviertes Unterfangen, da das Gestein kaum zu finden war. Ein paar kleine Steinbrüche sind noch vorhanden, doch der schöne gelbe Neuenburger Stein ist nicht mehr aufzutreiben. Wir hätten wohl einen ähnlichen Stein nehmen müssen, vielleicht sogar aus Spanien. In Frage wäre auch ein anderer, grauer Stein aus lokalen Brüchen gekommen, der aber zu spröde war. Schliesslich gingen wir auf Nummer sicher und entschieden uns für schwarzen Schiefer.
Ihre Architektur unterscheidet sich deutlich von der so genannten «neuen Architektur» der Deutschschweiz. Die Architekten nördlich der Alpen sind der Meinung, Ihre Bauten hätten sich nicht weiter entwickelt. Trifft dies zu? Auch auf das Centre Dürrenmatt?
Inwiefern nicht weiter entwickelt?
Ihre architektonische Sprache hat sich nicht verändert.
Das ist doch kein Nachteil. Picasso hat immer dieselbe Sprache benutzt. Und Paul Klee immer denselben Stift. Meiner Ansicht nach gibt es in der Kunst keinen Fortschritt. Die Sprache der Kunst kennt kein Wachstum. Picasso ist nicht besser als Michelangelo. Sie entstammen zwei verschiedenen Welten mit zwei verschiedenen Sprachen. Jeder bringt immer nur sich selbst zum Ausdruck, wenn auch nie gleich. Dass der Wortschatz gleich bleibt, stört mich nicht: Die Entwicklung der Sprache ist ein langsamer Prozess. Ich sehe nicht ein, warum wir ihn beschleunigen sollten, um jede Saison mit einer Änderung aufzuwarten, eine neue Schreibweise zu erfinden. Launenhaftigkeit im Ausdruck ist der Architektur fremd: dies sind Bereicherungen im Sinne der Mode und des Spektakels, aber nicht der Architektur. Sie befasst sich mit der Organisation des Raumes, und dies nach den Gesetzen

La place du Centre Dürrenmatt dans l'œuvre de Botta

Pour moi, vous avez toujours été aussi un maître des petites architectures, qui, sans être dénuées d'une certaine monumentalité imposante, possèdent également une monumentalité plus intime. Je pense par exemple aux églises de Mogno, du mont Tamaro et à certaines maisons familiales. Le Centre Dürrenmatt a-t-il davantage d'affinités avec les églises ou avec les maisons de petites dimensions ?
Il ferait bon entendre l'avis de Dürrenmatt. Finir à l'église, lui qui était si athée, agnostique ! C'était un homme extraordinaire, Dürrenmatt. A la fin de sa vie, avec sa lucidité critique, il a dessiné les anges, il a dessiné l'Apocalypse. Son esprit a toujours été ouvert aux grands thèmes religieux. C'était, selon moi, un homme d'une profonde religiosité laïque. Pour permettre à l'homme de réinterpréter le monde de Dürrenmatt, j'ai voulu y ajouter une part de moi. Dürrenmatt vivait dans un monde à certains égards très limité : ces deux maisons, l'atelier, la piscine, le vallon qui descend, lui qui s'y promenait. Il n'était pas l'homme des grands voyages, pas un métropolitain. Cette dimension domestique est selon moi une dimension de grande force morale. J'aimerais qu'elle soit encore présente chez les visiteurs de ce Centre.

Est-ce que cela peut caractériser ou expliquer l'architecture et l'apparence un peu énigmatique du Centre Dürrenmatt ?
L'architecture est assez simple dans le sens où nous avons, à côté de l'ancienne maison, ajouté une tourelle et la zone d'accès. La lumière du lanterneau va jusqu'au fond, où nous avons ajouté un ventre avec la lumière zénithale. Un véritable ventre adossé à la tour et flanqué de l'ancienne maison. C'est donc une structure en hypogée, qui se présente de manière modeste même si le projet n'est pas modeste. Il est ambitieux : quand on descend on découvre ce grand espace inattendu dans la montagne. Pour l'extérieur, nous avons voulu une pierre noire, en hommage à Dürrenmatt. La pierre que nous avons choisie est une ardoise noire. Ainsi l'ancienne maison paraît par contraste encore plus blanche. Sur la façade noire se découpent des ouvertures en plots de verre qui, le soir, miroitent comme ces petites bougies qui brûlent dans les cimetières. C'est une architecture hypogée, avec tous les avantages de ce type d'architecture car lorsque vous vous trouvez sous terre, vous sentez que vous êtes dans les entrailles de la terre. C'est très beau, l'architecture souterraine. Les architectes modernes ont été attirés uniquement par la hauteur, par le ciel, mais l'architecture de la grotte, l'architecture primitive donne un sentiment de protection…

Cette architecture souterraine s'adapte bien à votre idée de l'archaïque ?
Oui, c'est vrai. Elle est très proche de la terre mère.

Vous avez déclaré avoir choisi la pierre noire, l'ardoise de Branzi, en référence à l'élément obscur, sarcastique qu'on trouve dans l'œuvre de Dürrenmatt. Mais il y a aussi la pierre claire de cette région, la pierre du Jura. Vous n'avez jamais songé à rendre ainsi hommage au lieu, à la terre où Dürrenmatt a vécu ?
Oui, nous y avons pensé et nous avons même fait venir des pierres, mais plutôt par nostalgie, car en réalité la pierre du Jura n'existe plus. Il reste bien encore quelques petites carrières mais l'on a cessé d'extraire la belle pierre jaune de Neuchâtel. Le risque aurait alors été d'avoir à se rabattre sur une pierre similaire, espagnole, et de la faire transporter jusqu'ici. J'ai pensé également à la pierre qu'on trouve sur place. C'est une pierre grise, pas mal, mais elle est toute friable. Elle était inutilisable. Pour finir, on n'a pas voulu prendre de risque et notre choix s'est donc porté sur le noir.

Votre architecture se différencie nettement de ce qu'on appelle la « nouvelle architecture » de Suisse alémanique. Les architectes du nord des Alpes prétendent que votre architecture ne s'est pas développée. Est-ce vrai ? Est-ce vrai également pour le Centre Dürrenmatt ?
Ne s'est pas développée dans quel sens ?

Dans le sens où vous utilisez toujours le même langage.
Mais ce n'est pas un mal. Picasso utilisait toujours le même langage, Paul Klee toujours le même crayon. Je crois qu'il n'y a pas de progrès en art. Un langage n'évolue pas. C'est comme si on disait que Picasso est meilleur que Michel-Ange. Ce sont deux situations différentes. Et en définitive, chacun fait toujours la même chose, mais à la force de le faire chaque fois de manière différente. Moi, ça ne me gêne pas qu'on en revienne sans cesse au même vocabulaire. En matière de langage, l'évolution est très lente. On ne voit pas très bien pourquoi il faudrait que cela s'accélère et qu'il faille faire à chaque nouvelle saison quelque chose de différent. La bizarrerie est très éloignée de l'idée de l'architecture, elle est proche de la mode, du spectacle mais pas de l'architecture. L'architecture est l'organisation de l'espace qui a sa propre gravité. Aussi cette frénésie du renouvellement, moi je ne l'ai pas. Cela dit mon travail aussi, malgré tout, a changé, a évolué. Mais le fait que je puisse en revenir aux premières maisons que j'ai faites après un long parcours de trente, quarante ans ne me fait pas peur.

N'avez-vous jamais songé par exemple à un revêtement en verre pour la tour du Centre Dürrenmatt, comme l'a fait, disons, Peter Zumthor pour le musée d'Art de Bregenz ?
Je viens de faire la bibliothèque de Dortmund qui a toute une partie vitrée. Je n'exclus donc pas l'utilisation du verre. Le choix des matériaux est cependant toujours déterminé par les exigences du site. Mais j'ai une grande liberté d'esprit. Il se peut que je réalise un musée à Munich pour la collection Brandhorst. Je suis allé là-bas au début du mois d'avril. L'endroit est situé à proximité de la Pinacothèque de Stephan Braunfels, dont la construction est en phase d'achèvement. J'ai cherché à comprendre l'histoire du lieu plutôt que de penser aux matériaux. Les matériaux ne jouent un rôle important que par la suite. Mais ils ne sont en soi ni positifs ni négatifs.

Bref, d'abord les images et ensuite seulement les matériaux ?
D'abord le site, la situation. Je travaille énormément sur la situation, sur le plan et sur l'espace, parce que c'est ce qui se présente d'abord. Les matériaux

der Schwerkraft. Ich strebe nicht nach Spracherneuerung. Trotzdem hat sich meine Arbeit verändert, weiterentwickelt. Vielleicht kehre ich sogar nach einer langen Reise zu meinen Anfängen zurück, zu den allerersten Häusern, die ich gebaut habe. Davor habe ich keine Angst.

Hätten Sie sich vorstellen können, den Turm des Centre Dürrenmatt in Glas einzupacken, wie zum Beispiel Peter Zumthor das Kunstmuseum in Bregenz?
Ich habe soeben die Bibliothek von Dortmund fertiggestellt, die einen vollständig verglasten Raum aufweist. Glas kommt durchaus in Frage. Ich lasse mich bei der Wahl des Materials von den örtlichen Gegebenheiten leiten, behalte mir allerdings meine geistige Freiheit vor. Zurzeit besteht die Aussicht, ein Museum für die Sammlung Brandhorst in München zu entwerfen. Das Grundstück liegt neben der Pinakothek von Stephan Braunfels, die eben fertiggestellt wird. Als ich Anfang April in München war, habe ich mich mehr mit der Geschichte dieses Standortes befasst als mit dem künftigen Material. Das Material hat eine wichtige Aufgabe zu erfüllen, im Vordergrund steht jedoch die Anlage des Projektes. Das Material an sich ist weder positiv noch negativ.

Dann kommt zuerst die Vorstellung und erst dann das Material?
Zuerst kommt das Gelände, die Lage. Ich befasse mich in der Planimetrie und im dreidimensionalen Raum intensiv mit der Lage. Die Gründe sind offensichtlich. Das Material folgt erst nachher. Ich betrachte das Material nicht als ein «Strukturelement» des Projektes.

Das Verhältnis zwischen Botta und Dürrenmatt

Sie haben Museen in Tokio, San Francisco und Basel gebaut, aber auch Kulturzentren in Chambéry und Villeurbanne. Wo siedeln Sie das Centre Dürrenmatt in Ihrem Werk an?
Ich würde mir wünschen, dass das Centre Dürrenmatt als mein Werk in Erinnerung bleibt. Es hebt sich von manchen meiner «professionellen» Projekte ab. Ungleich dem Kulturzentrum in Chambéry, das aus einem Wettbewerb hervorging, oder dem Museum in San Francisco, das ein Auftragswerk war, sind hier eine ganze Reihe von Kräften zusammengeflossen, die das Werk geprägt haben. Ich freue mich, eine so aussergewöhnliche Persönlichkeit ehren zu dürfen, und fühle ihr gegenüber auch eine gewisse Affinität. Dürrenmatt ist ein Genie, und er hat mich gelehrt, mein Land kritisch zu beurteilen. Die Schweiz braucht kritische Bürgerinnen und Bürger. Einen Beitrag zum Verständnis und zur Entdeckung dieser Persönlichkeit des ausgehenden Jahrhunderts zu leisten ist eine Art Übernahme bürgerlicher Verantwortung.

Darf man auch von Kongenialität zwischen Ihnen und Dürrenmatt sprechen?
Das wäre anmassend. Dürrenmatt ist in meinen Augen eine der hellsichtigsten Persönlichkeiten des 20. Jahrhunderts, und dies nicht nur in der Schweiz. Zudem fasziniert mich seine häusliche, familiäre Seite. Auch ich bin auf dem Land aufgewachsen, und der Erfolg meiner Arbeit ist mir nie zu Kopf gestiegen. Der Ausdruck «Stararchitekt» gefällt mir nicht. Was soll das überhaupt heissen? Architekt reicht völlig aus. Und ein Architekt soll seine Stimme zum Klingen bringen. Dürrenmatt hat die Menschen mit einem erbarmungslosen Blick betrachtet und die Institutionen aus der nötigen kritischen Distanz heraus beurteilt. Er war ohne Zweifel ein grosser Denker. Persönlich habe ich ihn eher flüchtig gekannt. Ich habe ihn nur drei- oder viermal getroffen, immer mit einem guten Gefühl. So weit ich mich erinnere, hat sein letzter Roman «Durcheinandertal» in der Deutschschweizer Presse heftige Kritik ausgelöst. Er blieb gelassen und meinte zu mir: «Warten Sie die italienische Übersetzung ab, und versuchen Sie sie zu lesen – das Buch ist mein Vermächtnis.»

Inwiefern hat Dürrenmatts Werk Ihr Projekt beeinflusst? Darf man die Architektur des Zentrums als einen Spiegel seines Werkes bezeichnen?
Auch dies ist ein bisschen anmassend. Ich hoffe aber, dass der Vergleich in einem gewissen Sinn standhält, obschon diese Funktion nicht bewusst gesucht wurde. Man könnte vielleicht von einem analogen *Feeling* sprechen. Dürrenmatt war kein abgeklärter, klassischer oder heiterer Schriftsteller, sondern er hat in der Tiefe der menschlichen Seele geschürft. Deshalb gefiel mir auch die Idee, sich in die Erde hinein zu begeben. Es handelt sich jedoch nicht um eine direkte literarische Übertragung. Das Centre ist nicht dem schriftstellerischen Werk gewidmet, sondern einer ergänzenden Komponente – der Malerei. Deshalb sind wir auch auf alle möglichen Interpretationshilfen angewiesen. Die Ausstellung bietet einen direkten Bezug zu Dürrenmatts Gedankenwelt. Da ist zum Beispiel dieser Turm, durch dessen Glasdach das Licht bis auf den Grund fällt. Oder die transparente Treppe, die auf das in Dürrenmatts Denken allgegenwärtige Labyrinth verweist, oder aber die schwarze Farbe als Grundton der Lebensschilderung. Doch selbstverständlich ist nicht jedes Raumelement als Analogie zu verstehen.

Die zum Teil hellen, aber mehrheitlich dunklen Treppen erinnern an die «Carceri» von Piranesi, aber auch an die diffusen und etwas unheimlichen Räume in Dürrenmatts Werken.
Direkt trifft der Vergleich nicht zu, aber im Gesamtbild schon. In Dürrenmatts Arbeitsraum hingen mehrere Kupferstiche von Piranesi. Piranesi war Dürrenmatt daher wohlvertraut. Die verwinkelten, labyrinthischen und etwas melancholischen Räume von Piranesi haben Dürrenmatt bei der Schaffung seiner Federzeichnungen vermutlich indirekt als Vorbild gedient. Auch Dürrenmatts Federzeichnungen hinterlassen den Eindruck einer vergangenen, verblühten Welt. Die Treppe, welche die verschiedenen Ebenen des Zentrums verbindet, birgt einen Widerspruch: Was voll sein sollte, entpuppt sich als leer. Diese Treppe vermittelt das Licht über ihre eigene Transparenz. Mir gefällt insbesondere die Vorstellung, dass die Suche nach dem Licht zur Treppe führt. Und dann habe ich mir natürlich auch ein paar Freiheiten genommen.

Besteht eine Verbindung zu den surrealistischen Elementen in Dürrenmatts Bildern – oder in seinen Büchern? Ich denke zum Beispiel an den Turm

interviennent dans un deuxième temps. Je n'ai jamais pensé aux matériaux comme étant un élément important.

Les relations entre Botta et Dürrenmatt

Vous avez construit des musées à Tokyo, à San Francisco et à Bâle ainsi que des centres culturels à Chambéry et à Villeurbanne. Où situez-vous le Centre Dürrenmatt dans votre œuvre ?
Je voudrais que le Centre Dürrenmatt demeure proche de mon histoire autobiographique. C'est différent de la Maison de la culture de Chambéry, qui est née d'un concours, ou du musée de San Francisco, qui est issu d'un mandat. Ici à Neuchâtel nous avons un peu inventé le Centre Dürrenmatt ensemble. Ça me fait plaisir de rendre hommage à un personnage si extraordinaire. Et je le fais parce que j'ai le sentiment d'avoir des affinités avec Dürrenmatt. C'est vrai, lui était une tête, un génie. Mais j'ai moi aussi un regard critique sur mon pays. Je trouve cette Suisse tellement molle. Elle a besoin de gens qui regardent les choses d'un œil critique. Faire quelque chose qui aide à la lecture de ce personnage me semblait être une forme d'engagement civique. Je n'ai pas fait de service militaire. Disons que je fais là un service civil.

Hormis ces affinités que vous évoquiez, vous sentez-vous inspiré par le même génie que Dürrenmatt ?
Dire cela serait présomptueux de ma part, ne serait-ce que parce que je crois que Dürrenmatt a été un des esprits les plus lucides du vingtième siècle, et pas seulement à l'échelle de la Suisse. Ce que j'apprécie aussi chez Dürrenmatt, c'est son côté domestique. J'ai grandi à la campagne dans une famille modeste, le succès ne m'est jamais monté à la tête. Je n'aime pas qu'on parle de moi comme d'une star de l'architecture. Qu'est-ce que cela veut dire ? Je suis architecte. Que vouloir de mieux ? Je crois cependant qu'il est juste de faire entendre sa voix dans son pays. Dürrenmatt a su lire l'homme de manière précise, il a lu les institutions avec la distance et la touche de grotesque qui conviennent. C'était un grand penseur. Mais Dürrenmatt, je l'ai peu connu. Je l'ai rencontré à trois ou quatre reprises. Mais le *feeling* a toujours été bon. La presse allemande s'était déchaînée contre son ultime roman *Val Pagaille*. Lui, avec une grande tranquillité, m'a dit : « Il va bientôt sortir en italien, essaie de le lire, considère-le comme mon testament. »

Quelle est l'influence de l'œuvre du Dürrenmatt sur votre projet ? Peut-on dire que l'architecture du Centre reflète l'œuvre de Dürrenmatt ?
Là encore, je n'aurais pas cette prétention. Mais je crois que oui, en un certain sens. Même si ce n'était pas vraiment cherché. Disons que ça tient davantage d'un *feeling*. Dürrenmatt n'est pas un écrivain tranquille, classique, serein. C'est un écrivain qui creuse à l'intérieur de l'âme humaine. C'est pourquoi cette idée d'entrer dans la terre m'a paru juste. Ce n'est pas qu'une transposition littéraire. Il y a également le *feeling*. L'endroit n'est pas destiné à exposer l'œuvre littéraire mais la peinture. Aussi nous devons avoir toutes les aides extérieures possibles pour pouvoir lire la peinture de Dürrenmatt. Il y a également des références littéraires, surtout dans l'espace d'exposition : l'idée de la tour, par exemple, qui, à travers le lanterneau, amène la lumière jusqu'au fond. L'idée de l'escalier transparent, l'idée du labyrinthe, qu'il a poursuivie pendant si longtemps, l'idée du noir comme support de la description de la vie. Mais tous les éléments présents n'ont pas été choisis à dessein.

Les escaliers, tantôt lumineux, mais le plus souvent obscurs, évoquent l'espace des *Carceri* de Piranèse, mais également les espaces, si vagues et si inquiétants, des peintures de Dürrenmatt.
Pas d'une manière simple, mais de façon articulée, complexe. Le salon de Dürrenmatt a toujours été orné de neuf ou dix gravures de Piranèse. Piranèse était une présence familière pour Dürrenmatt. Je crois que cet espace labyrinthique, complexe, un peu nostalgique aussi, parce qu'aujourd'hui il y a de la nostalgie dans Piranèse, a indirectement inspiré les gravures de Dürrenmatt. Il y a également chez Dürrenmatt cette nostalgie d'un monde passé, d'un monde révolu. L'escalier est un paradoxe : ce qui devrait être plus plein devient plus vide. Les paliers sont la zone pleine, l'escalier la partie vide. J'aime aussi tout particulièrement cette idée que quand on sort on cherche la lumière. Et puis des licences poétiques ont également été prises.

Mais n'y a-t-il pas aussi un rapport avec le surréalisme des tableaux de Dürrenmatt ou de sa littérature ? Je pense à la tour de Babel mais aussi à la description de la maison bernoise de Dürrenmatt « avec ses escaliers qui se perdaient dans le noir ».
Pas directement. Mais j'aime bien que cela soit présent dans un certain sens. Je ne crois pas que l'on puisse représenter en architecture quelque chose qui appartienne à un autre monde ; on peut en revanche en faire sentir l'esprit.

Les tours de Babel dessinées par Dürrenmatt font, selon ses propres dires, plusieurs kilomètres de haut. En comparaison avec ces tours, la tour du Centre Dürrenmatt est minuscule. Pourquoi une tour dans ces conditions ?
C'est vrai, mais je ne vous cacherai pas que ça ne m'aurait pas déplu de faire cette tour comme un campanile, un signal. Mais c'eût été une licence poétique trop forte. Comme une métaphore de la tour. Mais ce n'est pas une tour. C'est une construction modeste. Cela ne fait pas directement référence aux métaphores de la tour de Babel de Dürrenmatt. Sa fonction se limite à amener la lumière vers le bas, mais elle fait aussi référence à la maison existante. Dans certaines de mes esquisses, cette tour était beaucoup plus haute. Je crois que ça irait bien. Mais l'architecture est l'art du possible, en ce sens qu'il faut faire des choses qui demeurent raisonnables.

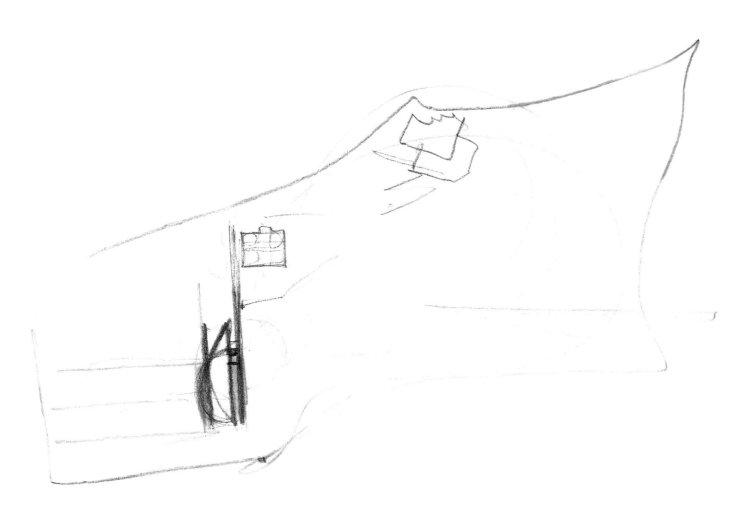

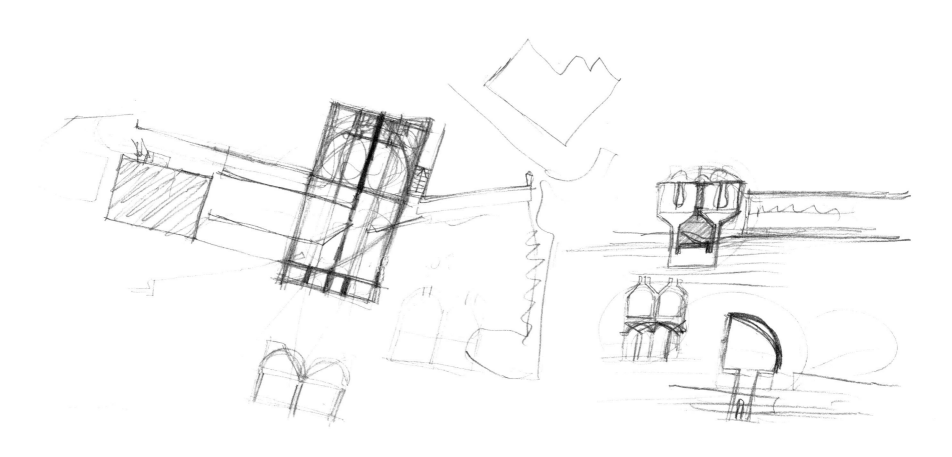

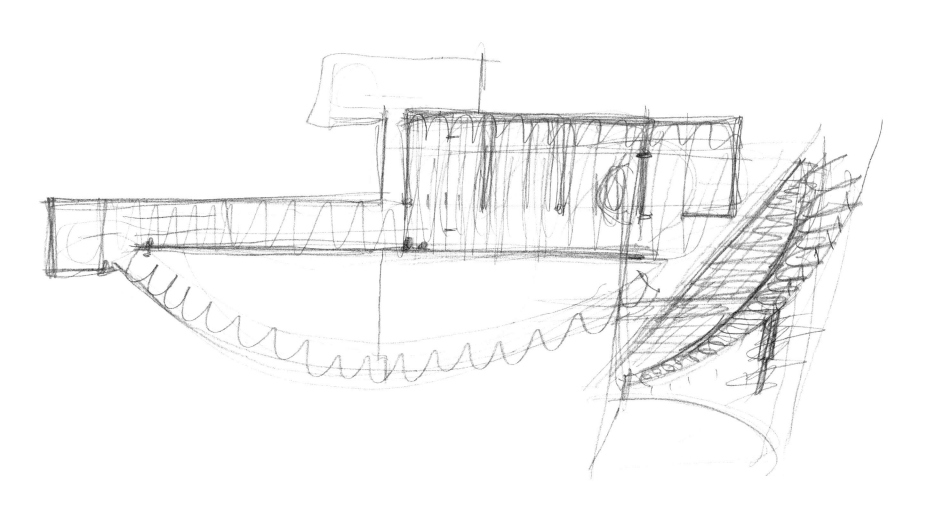

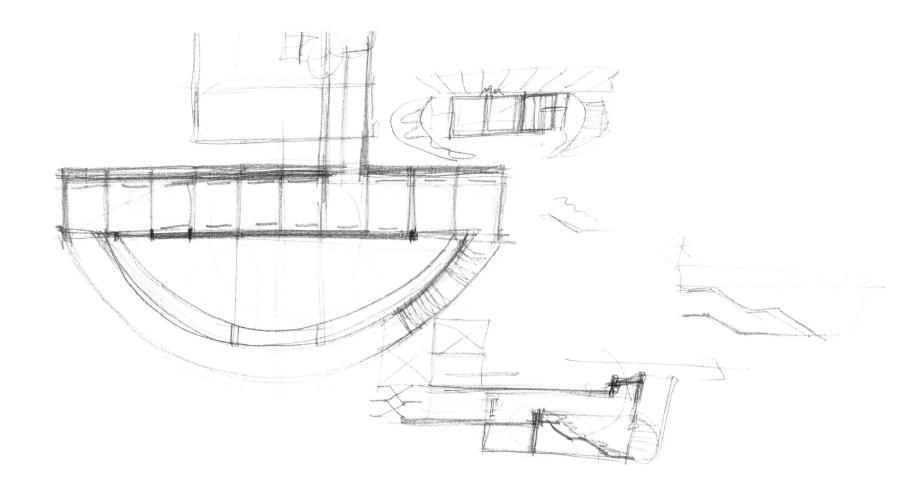

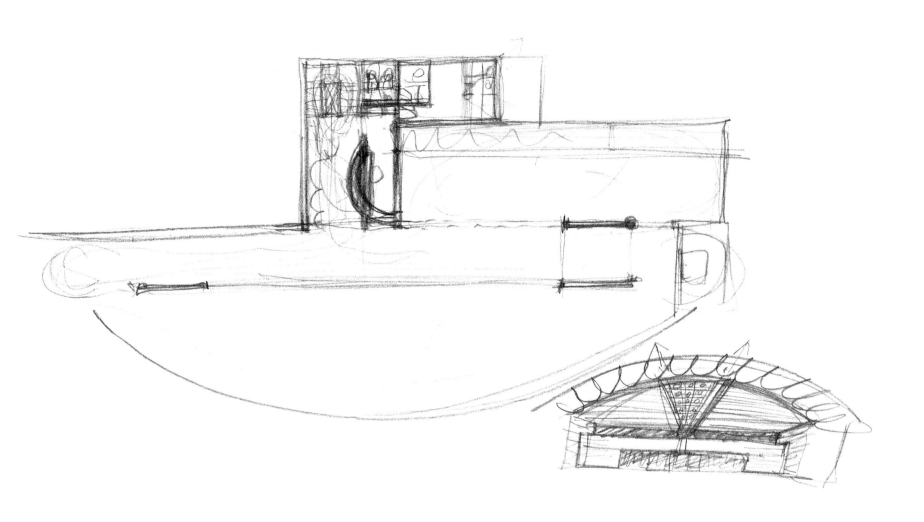

von Babel, aber auch an die Beschreibung in der Erzählung «Das Haus» mit den Treppen, die sich im Dunkeln verlieren.
Eine direkte Verbindung gibt es nicht. Einige Analogien werden lediglich angedeutet. Ich glaube nicht, dass sich Architektur eignet, Teile einer anderen Welt darzustellen. «wechselseitige Interferenzen» sind allerdings möglich.

Dürrenmatts Türme von Babel sind nach seinen Angaben rund einen Kilometer hoch. Im Vergleich dazu ist der Turm des Centre Dürrenmatt winzig. Warum trotzdem ein Turm?
Die Frage ist berechtigt, und ich gebe zu, dass ich den Turm ganz gern so hoch wie einen Kirchturm gebaut hätte, als ein markantes Zeichen. Doch vielleicht hätte ich mir hier zu viel Freiheit erlaubt. Der Bau ist die Metapher eines Turmes und nicht wirklich ein Turm. Ein direkter Bezug zu Dürrenmatts Turm von Babel besteht nicht. Er ist als ein Raum gedacht, der das Licht nach unten trägt und mit dem bestehenden Haus in einen Dialog oder in einen Kontrast tritt. Auf einigen meiner Skizzen ist dieser Turm sehr hoch ausgefallen, was mir gut gefallen würde. Doch Architektur ist auch die Kunst des Möglichen.

Architektonische Aspekte

Abgesehen vom Türmchen mit seiner metaphorischen Bedeutung gibt es eine Terrasse mit Blick auf den See – mit anderen Worten ein Fenster in die Unendlichkeit.
Die Terrasse ist ein wichtiges Element, denn der Besucher hat vom Turm nicht viel: Er betritt ihn und steigt dann herab. Den Raum im Erdbauch nimmt man erst ganz unten wahr. Die Terrasse hingegen verbindet die Landschaft mit dem Turm und dem alten Haus. Sie stellt eine Art Bühne dar, die einen metaphysischen Reiz hat, da sie leer ist. Der Besucher wird zum Darsteller. Ich hätte gern einen Rahmen für eine Emotion geschaffen, die ein Platz in der Stadt nicht zu bieten hat. Diese Terrasse ist ein Platz über dem See, ein öffentlicher Raum. Alles andere ist nicht öffentlich. Zudem hat die Terrasse in Form eines Balkons vor dem alten Haus im Ansatz bereits existiert. Dieser Balkon mit Blick auf den See, der die Verbindung zur Landschaft herstellt, hat mir immer gut gefallen.

Die Idee eines Balkons oder eines *Catwalk* wurde bereits in der Kirche des Monte Tamaro umgesetzt.
In dieser Kirche herrscht das Streben nach Aussicht, nach einer Befindlichkeit und einer Emotion vor, die der Berg allein nicht liefern kann. Hier fühlt man sich gewöhnlich als Teil des Berges, mit der Erde verbunden, von der man sich nicht lösen kann. Im Centre Dürrenmatt sind die Dimensionen kleiner, erinnern aber vielleicht etwas an die Werke von de Chirico.

Die Idee der Szene verbindet diesen etwas irrealen Anblick mit Dürrenmatts Welt. Der Besucher steigt im Turm ein Stockwerk nach unten und betritt im Zwischengeschoss die Terrasse.
Genau. Die Terrasse ist ein Zeichen, das die Idee der Begrenzung beinhaltet: ein Grenzelement, das auf das Grenzenlose hinweist. Darin liegt auch die Stärke der Architektur. Sie benutzt konkrete Bauteile, um etwas anderes darzustellen. Die Leere des Tales, den See und die Stadt spüre ich auch dann, wenn ich im Innern dieses Raumes bin. Die Mauer ist wie ein Damm: Sie grenzt die innere Energie von der Aussenwelt ab. Diese Mauer, die eine Grenze zieht, macht den Kern des Projektes aus.

Die Ausstellungs-Inszenierung

Die verglaste Öffnung in der Mitte dieser Mauer hat für mich etwas Sakrales.
Diese Türe dient als Notausgang und ist unbedingt notwendig – schön ist sie nicht. Sie wird in dieser Form auch nicht zu sehen sein, sondern mit einer vorgesetzten Wand aus schwarzem «stucco lucido» abgedeckt, auf dem ein einzelnes kleines Bild ausgestellt ist: die «Letzte Generalversammlung der eidgenössischen Bankenanstalt», ein Werk, das meiner Ansicht nach das politische Programm von Dürrenmatts zeichnerischem Werk zusammenfasst. Daneben werden vor der Rundmauer – gewissermassen im freien Raum – die grossformatigen farbigen Gouachen aufgehängt.

Dieses Vorgehen erinnert an Ausstellungen, wie sie in den fünfziger Jahren in Italien präsentiert wurden. Normalerweise werden Bilder ja an die Wand gehängt.
Diese Bilder direkt an die Wand zu hängen, schien mir nicht richtig. Nun haben wir zwei Varianten: die vorgesetzte Wand mit den kleinen an der Wand fixierten «Bankiers» und die Rundmauer mit den frei hängenden Bildern. Das Ganze soll im Raum schweben. Damit erhalte ich auch die Möglichkeit, unter den Bildern Legenden mit literarischen Verweisen am Boden zu fixieren.

Dann stellt die Rundmauer das Kernstück Ihrer Museumseinrichtung dar?
Genau. Doch fangen wir von vorne an. Der Eingang zum Centre Dürrenmatt liegt zwischen dem alten Haus und dem Türmchen. Ein Durchgang führt zur Reception in der schwarzen Apsis, in der ein einzelner Angestellter die Treppe und den Lift überblickt. Auf der gleichen Ebene befinden sich im alten Hausteil eine Garderobe, eine Küche und die Bibliothek von Dürrenmatt. Im Stockwerk darunter liegt der Zugang zur Cafeteria und zur Terrasse. Auf die Wände des Treppenraumes werden wir Zitate projizieren. Die Projektion erfolgt auf eine Wand aus weissem «stucco lucido». Dieser Teil sollte weiss in weiss gestaltet sein. Die Zitate fungieren als Einführung.

Könnte man diesen Teil als Initiationsparcours bezeichnen, der in den so genannten Bauch respektive ins Museum selbst führt, wo sich der Besucher in Dürrenmatts Universum vertiefen kann?
Durchaus, es ist ein Initiationsparcours mit Zitaten und Aphorismen. Dann folgt das Zwischengeschoss mit Fotoaufnahmen aus Dürrenmatts Leben. Anschliessend verlässt man den Turm und betritt die eigentliche Ausstellung, die in verschiedene

Aspects architecturaux

Il n'y a pas que la tour avec ses aspects métaphoriques, mais également cette terrasse avec vue sur le lac au loin, en somme l'ouverture vers l'immensité de l'espace.
La terrasse est l'élément externe important car les gens ne peuvent profiter de la tour : on y entre et on descend. On ne découvre le ventre qu'une fois arrivé en bas. La terrasse au contraire est l'élément qui relie le paysage à la tour et à l'ancienne maison. C'est comme une scène de théâtre, un peu métaphysique aussi, parce qu'elle est vide. Le visiteur en est le protagoniste. J'aimerais donner une impression qu'on ne trouve pas dans une place urbaine. Cette terrasse est comme une place suspendue au-dessus du vide du lac, c'est l'espace public. La terrasse vient d'une idée préexistante puisqu'elle était en effet déjà là avant, devant l'ancienne maison, mais dans des dimensions plus modestes. J'ai toujours trouvé que ce balcon sur le lac était très beau. Il faudrait ici un passage qui mène à la ruelle et un lien avec le paysage.

On trouve déjà l'idée du balcon ou du *catwalk* dans l'église du mont Tamaro.
Cette église est justement une recherche du belvédère, la recherche d'une émotion que la montagne ne peut te donner. D'habitude, on se sent appartenir à la montagne et l'on ne peut en sortir. Ici au Centre Dürrenmatt tout a des proportions plus réduites, mais cela évoque un espace, une terrasse à la manière de Chirico.

L'aspect un peu surréel est lié au monde de Dürrenmatt comme l'idée de la scène. On la retrouve quand on sort de la tour et qu'on arrive sur le balcon de la mezzanine.
C'est voulu. C'est aussi un grand geste, le geste d'une limite, parce qu'avec le mur, avec un élément fini, on parle de l'infini. C'est aussi la force de l'architecture de prendre des éléments concrets, finis, pour parler d'autre chose. Quand je suis dans ce ventre, je sens qu'il y a le vide du vallon, qu'il y a le lac, la ville. C'est comme une digue : dedans, il y a une énergie et puis il y a le monde dehors. L'idée centrale est le mur. Ce mur est précieux. C'est la limite de la maison.

L'exposition

Cette ouverture en verre au milieu du mur me paraît avoir un aspect quasi sacral.
Cette porte sera masquée par un écran. Elle n'est pas belle, mais elle est nécessaire comme sortie de secours. Elle ne sera donc pas visible. Sur l'écran en stuc noir glacé qui la cachera sera accroché un seul tableau, le petit des *Banquiers*, qui est selon moi le programme le plus politique de l'œuvre picturale de Dürrenmatt. A côté, sur le mur courbe, on pourra admirer les gouaches dans leurs grands cadres fixés au plafond par des fils d'acier. On aura ainsi l'impression que les tableaux sont suspendus dans le vide.

Les peintures suspendues dans l'espace rappellent la manière dont étaient présentés les tableaux dans l'Italie des années cinquante. D'habitude, on les accroche toujours au mur.
Il m'a semblé que ce serait une erreur de mettre ces peintures contre la paroi. Je voulais qu'il y ait l'air derrière. Il y aura donc ces deux secteurs : l'écran avec le petit tableau des *Banquiers*, fixe, et le mur courbe avec les tableaux suspendus. Ici tout navigue, parce que j'aimerais également mettre des légendes avec des références littéraires en bas, sous chaque tableau.

Le mur courbe est donc au cœur du dispositif ?
Oui, mais prenons les choses depuis le commencement : on accède au Centre Dürrenmatt par la zone intermédiaire, entre la vieille maison et la tourelle. Là, il y a un sas, une conque, une réception au fond dans l'abside noire – prévue pour un seul employé –, l'escalier qui descend et l'ascenseur. Sur ce niveau, mais déjà dans la vieille maison, on trouve un vestiaire, une cuisinette et la bibliothèque. Quand on descend au premier niveau inférieur, il y a un passage qui mène à la cafétéria et à la terrasse. Dans la cage d'escalier, il n'y a rien d'exposé hormis des aphorismes littéraires de Dürrenmatt, dont le choix n'est pas encore définitif. Les lettres en néon blanc seront appliquées sur le mur de stuc blanc glacé. Je voudrais tout en blanc sur fond blanc. Ces phrases, avec éventuellement la voix de Dürrenmatt, seront comme un prélude.

Pourrait-on dire qu'il s'agit là d'un parcours d'initiation qui se termine dans ce qu'on appelle le ventre, dans le musée proprement dit, où le visiteur peut méditer sur l'univers de Dürrenmatt ?
C'est cela, un parcours d'initiation, où l'on trouve seulement les phrases, les aphorismes. Puis on descend d'un étage pour arriver au niveau de la mezzanine où se trouvent les photographies retraçant la biographie de Dürrenmatt. On quitte ensuite la tour pour entrer dans l'exposition proprement dite avec ses divers secteurs. Le premier est consacré au théâtre, où nous voulons montrer un collage que Dürrenmatt a fait pour le théâtre. Suit une petite salle vidéo, puis des vitrines pour mettre des références littéraires au monde théâtral. On descend encore et l'on arrive dans le secteur des lithographies et des gravures. Ensuite commencent les grands thèmes de Dürrenmatt : le labyrinthe et le Minotaure. Sur deux grandes parois noires inclinées, les peintures et les dessins s'ouvrent comme de petites fenêtres. Puis l'on arrive au mur incurvé dont nous avons déjà parlé, avec les gouaches dans des cadres uniformes suspendus. La dernière paroi à gauche sera réservée aux grands thèmes de la pensée religieuse, exposés sur de petits piédestaux de fer, donc pas contre le mur. Sur le mur seront projetées des phrases au moyen de projecteurs mobiles.

Y aura-t-il une protection contre la lumière zénithale, qui devrait être assez intense ?

Sektoren gegliedert ist. Den Auftakt bildet der Theatersektor mit einer grossen Wandcollage von Dürrenmatt. Auf demselben Stockwerk sind ein kleiner Videoraum und verschiedene Vitrinen mit literarischen Bezügen zur Theaterwelt zu finden. Wiederum einige Stufen weiter unten beginnt der Sektor mit den Lithographien und Federzeichnungen und dann der «Bauch» mit den Kernthemen: dem Labyrinth und dem Minotaurus. An zwei schwarzen Wänden öffnen sich fensterförmige Nischen mit Zeichnungen. Von hier aus ist die erwähnte Rundmauer mit den frei schwebenden Gouachen zu sehen. Auf der letzten Wand hinten im Raum werden auf dem unteren Teil die sehr wichtigen Federzeichnungen zu den «religiösen» Themen ausgestellt, während mobile Projektoren auf den oberen Teil literarische Zitate projizieren.

Wird das Oberlicht noch abgedeckt? Das Licht scheint mir sehr intensiv.
Das Oberlicht wird über horizontale Lamellen kontrolliert, damit die Sonnenstrahlen nie direkt auf die Bilder fallen. Die Wand muss jedoch beleuchtet sein. Das Licht wird in jedem Ausstellungssektor unterschiedlich gehandhabt: an der grossen Rundmauer, im Zwischengeschoss, im Durchgang mit den Zeichnungen des Minotaurus und den Karrikaturen. Einmal handelt es sich um Tageslicht, dann wieder um Kunstlicht. Der Raum soll, obschon er klein ist, die unterschiedlichsten Erfahrungen und Emotionen ermöglichen.

Die Lichtführung scheint mir ziemlich konventionell zu sein. Haben Sie auch etwas Spektakuläreres in Erwägung gezogen, zum Beispiel eine Inszenierung mit Licht und Farbe, Stimmen und Musik, mit anderen Worten eine Installation, die sich stärker an die zeitgenössische Kunst anlehnt?
Nein, vorläufig nicht. Auf der Treppe abgesehen von den Aphorismen zusätzlich Stimmen zu hören, würde mir gut gefallen. Finden wir Dokumente, in denen Dürrenmatt rezitiert, können wir sie integrieren.

Die Dürrenmatt-Ausstellung in Zürich haben Sie weniger klassisch gestaltet als das Centre Dürrenmatt. Ich denke da zum Beispiel an die zentrale, spannungsgeladene Wand.
Diese Idee wurde in redimensionierter Form im Minotaurus-Sektor wieder aufgenommen. In Zürich waren die Verhältnisse insofern anders, als die Besucher innerhalb der Ausstellung einem einzigen Parcours folgten. Die hiesige Installation wird ausserdem wieder geändert, da der Raum im Gegensatz zur ersten Ausstellung in Zukunft nicht mehr ausschliesslich Dürrenmatts Werk zeigen wird. Das Zwischengeschoss und die oberen Bauteile könnten zum Beispiel temporäre Ausstellungen beherbergen. Die Rundmauer ist jedoch ein aussergewöhnliches und hochdramatisches Element. Das Tageslicht schafft Raumverhältnisse, die zum traditionellen Museumskonzept im Widerspruch stehen. Im Museum sind die Werke ausgestellt wie in einem Labor. Hier jedoch spielt das Licht mit, und wir haben versucht, das Werk und die Architektur in eine wechselseitige Beziehung ähnlich einer Osmose zu setzen. Ein vergleichbares Beispiel ist das *Goetheanum*, das den teosophischen Hintergrund zum Ausdruck bringt. Ich möchte, dass die Architektur auch diesen Rahmen berücksichtigt und sich etwas weniger als neutrales Museum gebärdet. Dass sich die Museen heute samt und sonders gleichen, ist eine traurige Tatsache. Diese Gleichmacherei wird dem künstlerischen Werk nicht gerecht. Ein Bild, das im Atelier des Künstlers geschaffen wurde, ist nicht für Spotlights gedacht. Ich ziehe es vor, ein Gemälde von Dürrenmatt einmal im hellen Schein des Glasdachs und vielleicht zwanzig Minuten später in einem etwas schwächeren Licht zu sehen. Dieser Wechsel ist meiner Meinung nach eine Bereicherung. Ich gehe nicht gern in ein Museum, in dem ich die Bilder stets im gleichen Licht sehe.

Die Dynamik kommt also durch die gebogene Mauer und durch das Licht zustande. Haben Sie je daran gedacht, eine – sagen wir einmal dekonstruktivistische – Spannung zu erzeugen, um die Unsicherheit in Dürrenmatts Werk zum Ausdruck zu bringen? Die Stadt in einer Zeichnung von Dürrenmatt ist instabil, das Centre Dürrenmatt hingegen äusserst stabil. Es ist ein kleines Monument und keineswegs jene Metapher des Weltuntergangs, die auch im Turm von Babel dargestellt wird.
Ein Besuch des Centre Dürrenmatt bietet bereits ein breites Spektrum an Erfahrungen. Dieser reichhaltige und angriffige Raum braucht eher ein beruhigendes als ein belebendes Element. Der Rahmen ist für ein Museum recht ungewöhnlich und der Raum sicher nicht neutral. Der Raum spielt in der Ausstellung eine wichtige Rolle. Ich wollte ihn nicht überladen und habe deshalb auch auf jede Farbgebung verzichtet. Wir haben hier keinen Erlebnispark, sondern einen Raum mit verschiedenen Analogien zu Dürrenmatts Werk. Der Besucher soll die Situation stets überblicken können – wie in Dürrenmatts Bild, wo sich der Minotaurus ein-, zwei-, dreimal im Spiegel sieht und immer ein Schlüssel zum Verständnis des Labyrinths findet. Sich im Raum orientieren zu können, ist ein architektonisches Gütezeichen.

Roman Hollenstein ist promovierter Kunsthistoriker und arbeitet als Redaktor für Architektur und Design bei der «Neuen Zürcher Zeitung». Er hat sich wiederholt mit dem Werk von Mario Botta auseinandergesetzt.

(Übersetzung: Maya Im Hof, SRG SSR)

Il y a un système de régulation de la lumière, un dispositif de lamelles. Les rayons du soleil ne seront jamais en contact direct avec les peintures. Mais la paroi doit être éclairée. Le traitement de la lumière, qu'il s'agisse de la lumière naturelle ou de la lumière artificielle, est différent pour chaque thème de l'exposition : la grande paroi, le mur courbe, la mezzanine, le parcours de Midas et du Minotaure. Ce petit espace pourra se prêter à des expériences diverses.

L'utilisation de la lumière me paraît être assez conventionnelle. N'avez-vous jamais songé à créer quelque chose de plus spectaculaire, une installation avec des lumières et des couleurs, de la musique, des voix et des vidéos, bref une installation plus proche de l'art contemporain ?

Non, pas pour le moment. Ça ne me déplairait pas qu'en plus des aphorismes on entende la voix de Dürrenmatt en descendant. Si nous trouvons des phrases récitées par Dürrenmatt, ça ira bien.

Votre exposition Dürrenmatt à Zurich m'avait paru moins classique que celle que vous avez imaginée pour le Centre Dürrenmatt. Je pense à la paroi centrale pleine de tension.

Cette idée réapparaît dans une moindre mesure dans la partie du Minotaure. C'est très différent car à Zurich on entrait et on ne parcourait l'exposition qu'une seule fois. Et puis il ne faut pas oublier que l'aménagement actuel sera modifié par la suite, car à l'avenir l'espace ne sera plus tout entier consacré à Dürrenmatt comme l'est cette première exposition. Nous avons dû tenir compte de ce fait. J'aimerais assez réserver par exemple la mezzanine et les parties supérieures à des expositions temporaires. Le mur courbe par contre est un espace très dramatique. Il change en fonction de la lumière. Cette situation est à l'opposé de celle d'un musée. Dans un musée, on regarde les choses comme dans un laboratoire. Ici en revanche, le jeu de la lumière variera. L'idée est de faire interagir l'œuvre avec l'architecture. Comme une osmose, c'est comme quand on entre dans le Goetheanum, on sent qu'il y a là une théosophie. J'aimerais que mon architecture joue un rôle similaire et fasse moins musée aseptisé, musée neutre. Ce qui est triste aujourd'hui c'est que tous les musées, sans exception, se ressemblent. Que tout soit pareil, c'est ça qui est triste, car le tableau, au moment de sa création dans l'atelier de l'artiste, n'est pas né sous des spots. Je veux voir une peinture de Dürrenmatt sous la lumière forte de l'été qui entre par les lanterneaux et, vingt minutes plus tard, la voir pendant l'orage, avec une lumière plus sombre. C'est une richesse selon moi. Ça ne m'intéresse pas beaucoup d'aller dans un musée pour voir les tableaux toujours sous la même lumière.

La dynamique vient donc de ce mur courbe et de la lumière. N'avez-vous jamais songé à utiliser une tension, disons déconstructiviste, pour exprimer cette incertitude qu'il y a dans l'œuvre de Dürrenmatt ? La ville peinte ou gravée par Dürrenmatt est instable, le Centre Dürrenmatt est au contraire très stable. C'est un petit monument et ce n'est en rien cette métaphore de la fin du monde, que représente également la tour de Babel.

Pour les visiteurs, l'espace offre déjà beaucoup d'expériences. Il n'y a pas besoin d'animer cet espace, il faut l'apaiser car il est déjà très agressif. On y trouve des conditions déjà assez insolites pour un musée – mais ce n'est pas un musée, ce n'est pas un espace neutre. Cet espace joue un rôle actif. C'est pourquoi je n'ai pas voulu exagérer dans l'installation, ce qui explique également l'absence de couleurs. Le but n'est pas de créer un Luna Park mais un espace, un peu comme dans les tableaux de Dürrenmatt. Dans les espaces dürrenmattiens, il y a toujours une présence humaine qui contrôle la situation. Quand Dürrenmatt peint le Minotaure se reflétant dans une glace, une, deux, trois fois, on réussit toujours à le reconnaître. La capacité à s'orienter dans un espace est à mes yeux une valeur.

Roman Hollenstein est historien de l'art et rédacteur de la rubrique Architecture et design à la *Neue Zürcher Zeitung*. Son intérêt pour Mario Botta l'a conduit à mener plusieurs réflexions sur l'œuvre de l'architecte.

(Traduction : Gilles Guenat)

Centre Dürrenmatt, Neuchâtel

Ort: Chemin du Pertuis-du-Sault 74, Neuchâtel

1992–1995 Geländeaufnahme und Vorstudien
1995–1997 Projekt
1997–2000 Ausführung

Bauherr: Eidgenössisches Finanzdepartement
Baufachorgan: Bundesamt für Bauten und Logistik
Nutzer: Schweizerisches Literaturarchiv
Schweizerische Landesbibliothek
Bundesamt für Kultur

Architekt: Mario Botta, Lugano
Mitarbeit Studio Botta: Marco Sangiorgio, Andrea Caramaschi, Massimo Moreni, Maurizio Pelli, Marco Bonini, Projektleitung: Danilo Soldini

Bauleitung: Urscheler & Arrigo SA, Neuchâtel
Baustatik: Nicolas Kosztics, Neuchâtel
Ingenieur für Sanitäreinrichtungen, Klima und Belüftung: Planair, La Sagne NE
Elektroingenieur: André Pasche, St-Blaise

Grundstücksfläche: 4200 m^2
Bebaute Fläche: 517 m^2
Nutzfläche: 820 m^2
Ausstellungsfläche: 500 m^2
Gesamtes Bauvolumen: 4700 m^3

Baukosten: CHF 6 000 000.–

Masse: 39,2 m × 20,7 m, Radius 28,4 m
Gebäudehöhe: Oberkante Turm 5,20 m, Terrasse 7 m

Baustruktur und Materialien: Tragstruktur aus Stahlbeton; Fassadenverkleidung mit 10 cm starken Schiefersteinplatten und -blöcken (Pierre de Branzi); Fensterzargen und Oberlichtbau aus schwarzem Aluminium und isoliertem Verbundglas, mit integrierten Sonnenblenden; Bodenbelag aussen: Schiefersteinplatten; Bodenbelag innen: Ahornholz; Wände innen in Sichtbeton; Turmbau: Innentreppenbau und Boden aus rostfreiem Stahl, Innenwände in «Stucco lucido»

Raumprogramm

Niveau + 0.00
Eingang durch den Turm, Empfang und Kasse

Niveau – 2.90
Foyer und Verbindungsbereich zwischen Neubau und bestehender Villa, Museumscafé und Diensträume; Zutritt zur Dachterrasse

Niveau – 6.70
Erster Ausstellungsbereich mit kleinem Videoraum, steht in räumlicher Verbindung mit dem untersten Geschoss.

Niveau – 10.00
Grosser Ausstellungsraum, wird von radial angelegten Oberlichter längs der gebogenen Hauptwand erhellt. Die Gesamthöhe des Raumes beträgt 6 Meter. Ein mittig angelegter Notausgang führt direkt ins Freie. Zwei Aussentreppen verbinden das unterste Geschoss mit der Dachterrasse.

Niveau + 2.90 Villa
Büro der Museumsverwaltung, Gästezimmer

Centre Dürrenmatt, Neuchâtel

Lieu : Chemin du Pertuis-du-Sault 74, Neuchâtel

1992-1995 Relevé du site et études préliminaires
1995-1997 Projet
1997-2000 Réalisation

Maître d'ouvrage : Département fédéral des finances
Service de construction : Office féderal des constructions et de la logistique
Utilisateur : Archives littéraires suisses
Bibliothèque nationale suisse
Office fédéral de la culture

Architecte : Mario Botta, Lugano
Collaborateurs Studio Botta : Marco Sangiorgio, Andrea Caramaschi,
Massimo Moreni, Maurizio Pelli, Marco Bonini
Responsable du projet : Danilo Soldini

Direction des travaux : Urscheler & Arrigo SA, Neuchâtel
Ingénieur civil : Nicolas Kosztics, Neuchâtel
Ingénieur sanitaire, climatisation et ventilation : Planair, La Sagne NE
Ingénieur électrotechnique : André Pasche, Saint-Blaise

Surface du site : 4200 m^2
Emprise au sol : 517 m^2
Surface utile : 820 m^2
Surface d'exposition : 500 m^2
Volume : 4700 m^3

Coût : CHF 6 000 000.–

Dimensions : 39,2 m x 20,7 m, rayon 28,4 m
Hauteur construite : tour 5,20 m, terrasse 7 m

Structure portante et matériaux : Structure portante en béton armé ; Revêtement des façades en blocs et dalles en ardoise (pierre de Branzi) de 10 cm d'épaisseur ; Menuiseries métalliques et lanterneaux en aluminium, couleur noir et verres sécurisés, lamelles d'obscurement intégrées ; Revêtements des sols : extérieur en dalles d'ardoise, intérieur en bois d'érable ; Parois à l'intérieur finies en béton brut ; Tour : structure de l'escalier et des sols en acier inox, parois finies en « stucco lucido ».

Programme

Niveau +0,00
Entrée par la tour, accueil et caisse

Niveau −2,90
Foyer et liaison entre le nouvel espace et l'ancienne maison, café et locaux des services ; accès à la terrasse panoramique.

Niveau −6,70
Premier espace d'exposition avec petite salle audiovisuelle en rapport spatial avec l'espace inférieur.

Niveau −10,00
Grand espace d'exposition, éclairé par une séquence de lanterneaux le long du mur en courbe ; la hauteur de la salle s'élève à 6 m. Une sortie de secours, placée sur l'axe, s'ouvre directement sur l'extérieur, d'où deux escaliers latéraux relient à la toiture-terrasse.

Niveau +2,90 Villa
Bureaux de l'administration, chambres d'hôtes

Situationsplan / Plan de situation

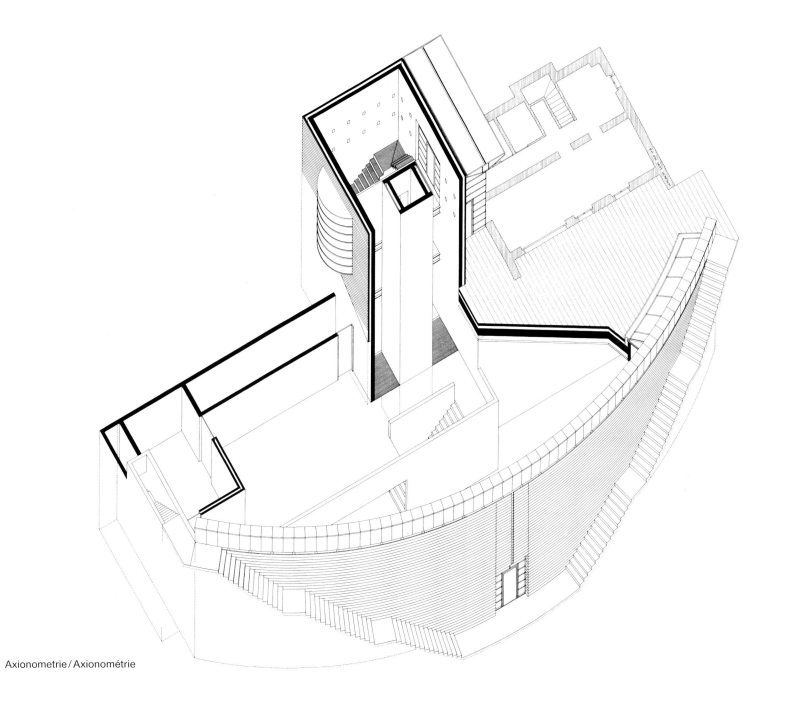

Axionometrie / Axionométrie

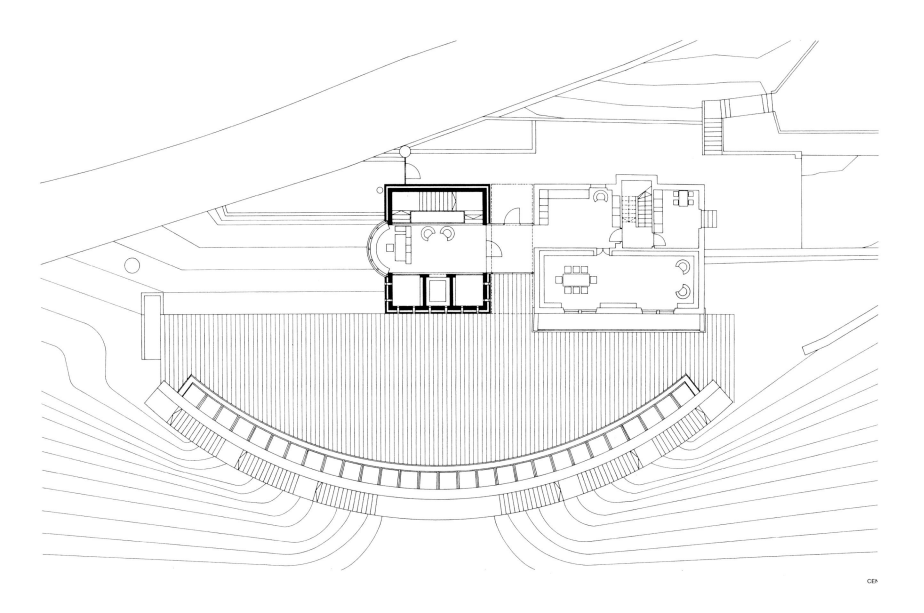

Niveau +0.00

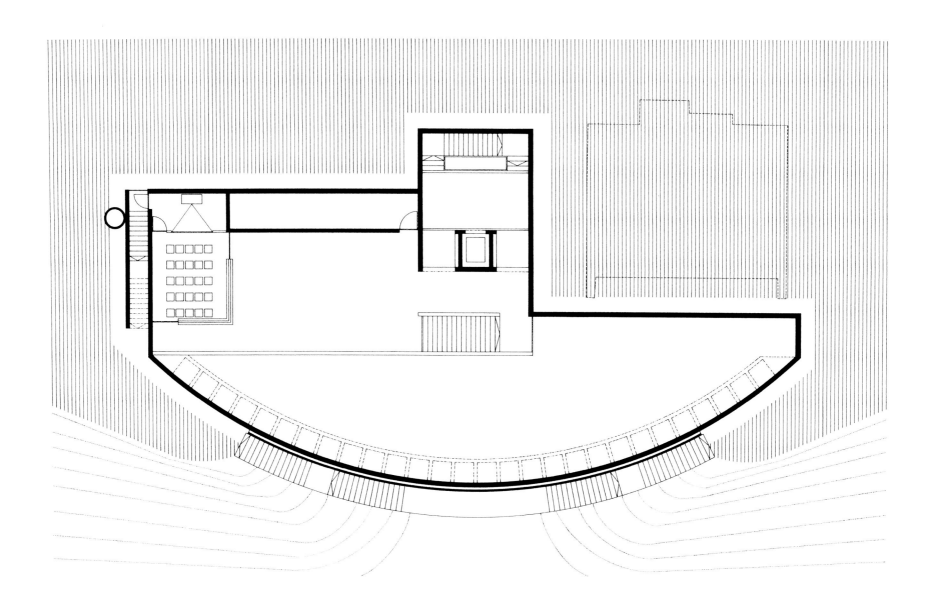

Niveau −6.70

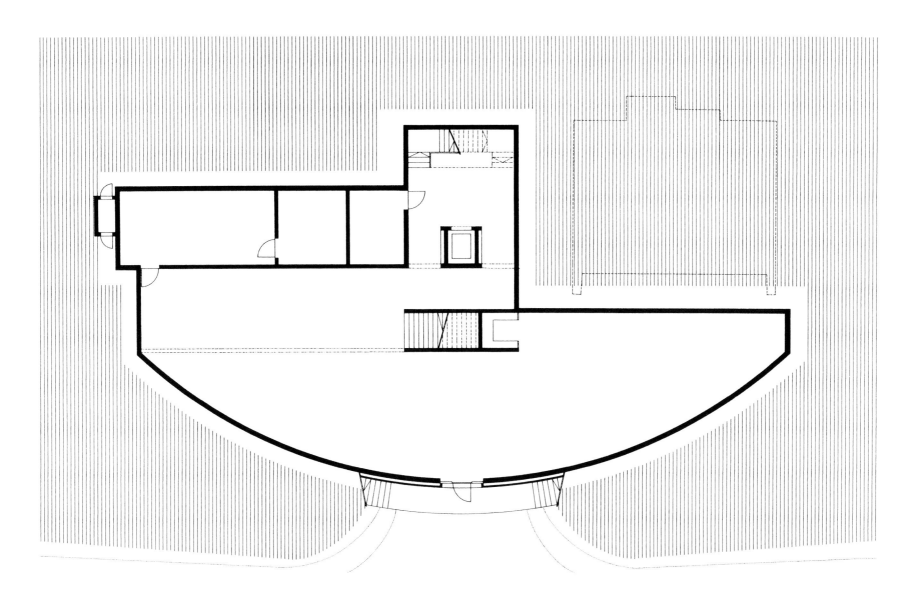

Niveau −10.00

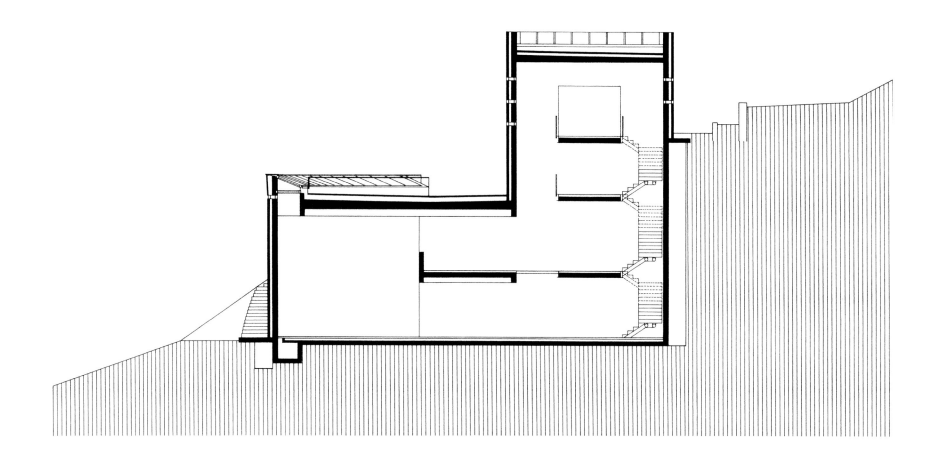

Querschnitt / Coupe transversale

„Malen als Porträtieren ist ein Erleben, nicht ein Fotografieren; mehr einem Erinnern vergleichbar als einem Abbilden. Zu den Dokumenten der Apparate über den Menschen brauchen wir die Zeugnisse der Menschen von Menschen."

"Das Wissen ist eine dünne Eisdecke über dem kochenden Abgrund des Glaubens. Es deckt den Glauben zu, ohne dessen Macht zu erreichen: der Glaube treibt im Unterbewussten unkontrolliert sein Wesen. Und nicht nur er: Das Irrationale steigt aus der Tiefe. Was aus der Tiefe steigt ist gefährlich. Es ist eruptiv."

Ein Baum fliegt!

Charlotte Kerr Dürrenmatt

2. Januar 1992

«Wären Sie bereit, nach Neuchâtel zu kommen?» Am anderen Ende der Leitung ist Mario Botta. «Ich schenke ein Haus von Dürrenmatt, das Grundstück für den Museumsbau, für den Bau habe ich kein Geld, aber das finden wir… Kommen Sie? Schauen Sie sich's einmal an?» «Wer redet von Geld, wenn von Dürrenmatt die Rede ist. Ich verdanke diesem Mann mit meine geistige Entwicklung. Ich komme.»

Ich kenne Botta kaum. Ich bin dem berühmten Architekten nur einmal begegnet. Mit Dürrenmatt. Bei Luginbühl. Der grosse Eisenplastiker der Schweiz bekommt den Prix Caran d'Ache. Botta ist in der Jury.

Eine kurze Begegnung, ein von gegenseitiger Hochachtung getragener Dialog zwischen Dürrenmatt und Botta.

Im Gedächtnis bleibt mir der dicke Bleistift in der oberen Jackentasche, jederzeit griffbereit. Wann immer ich Botta in Zukunft sehe, wird er danach greifen, zeichnen, auf Papier, Servietten, Tischtücher… –, und die Augen: Kluge, gütige Augen, neugierig, funkelnd hinter kreisrunden Brillengläsern im dünnen Eisengestell, nicht eine dicke Hornbrille mit dicken Gläsern wie Dürrenmatt, über die er hinwegschaut als er mich zum erstenmal fixiert. Mit den gleichen Augen. Kinderaugen. Es scheint, als blieben mir immer diese ersten Augen-Blicke in Erinnerung.

Dezember 1991

«Kein Mensch kommt nach Neuchâtel, um die Bilder von Dürrenmatt anzuschauen – vergiss es – Neuchâtel liegt in der französischen Schweiz, jenseits vom Röschtigraben – Den Röschtigraben überwindest Du nie – vergiss es.»

Seit Wochen höre ich den immer gleichen Refrain.

Ich will ein *Centre Dürrenmatt*. In Neuchâtel, auf Dürrenmatts Grundstück, in seinen Häusern. Wo er seit 1952 gelebt hat, wo fast sein gesamtes Werk entstanden ist. Hier sollen seine Bilder und Zeichnungen ausgestellt werden, die Teil seines Werkes sind, die er geliebt hat, und die kaum jemand kennt.

Zu diesem Zweck habe ich in der Erbteilung den Besitz erworben. Ich will den ganzen Besitz schenken, für ein Centre universitaire, grenz- und fakultätsüberschreitend wie Dürrenmatts Denken. Für das bildnerische Werk muss ein Museum, ein Anbau erstellt werden. Dafür und für den Unterhalt fehlt mir das Geld. Aber die Schweiz ist ja reich…

«Das schaffst Du nie! Kein Mensch kommt nach Neuchâtel. Vergiss es…»

«Sagen Sie das nicht!»

Cocktail bei der Schweizerischen Bankgesellschaft. Einweihung des neuen Medienzentrums. Ein Palast aus Glas, in der Eingangshalle zwei Statuen aus Gold, meterhoch, von Niki de Saint Phalle: ein Nilpferd mit Lämpchenschweif, rotgrünblaugelbaufleuchtend, die ägyptische Fruchtbarkeitsgöttin, und Anubis, der Wachhund zur Unterwelt.

«Sagen Sie das nicht…» Die Stimme des Architekten reisst mich aus Gold-Träumen. Wie jedem habe ich ihm von meinen Sorgen erzählt. «Mitten in der Wüste, halbwegs zwischen Los Angeles und San Francisco, steht ein Haus des berühmten Architekten Richard Meier, da pilgern junge Architekten und Touristen hin, nur um dieses Haus zu sehen. Und da sind keine Bilder von Dürrenmatt!»

In meinem Kopf glühen Lämpchen auf.

Am nächsten Tag rufe ich Mario Botta an.

«Ich weiss noch nicht, ob ich hier etwas baue. Wenn ich etwas baue, muss es etwas Kleines, Kostbares sein, das sich einfügt.»

Mario Botta steht auf der Terrasse des oberen Hauses neben mir. Es ist der 5. Januar 1992. Dürrenmatts Geburtstag.
Mit leicht ausgestreckten Armen, die Finger gespreizt wie Antennen, Schwingungen aufnehmend, ist er durch den Garten, die labyrinthischen Wege gelaufen, das steile Hanggrundstück abgegangen, ich habe ihn allein gelassen, er hat das Gelände in sich aufgenommen, Dürrenmatts *habitat*.
«Ich sehe überall den Minotaurus kommen!» Er lacht.
«Wenn es Ihnen recht ist, werde ich im Sommer zwei meiner Leute herschicken und das Terrain vermessen lassen, ich muss wie ein Arzt die Röntgenaufnahme, das Scannerbild dieses Terrains vor mir haben, bevor ich arbeiten kann…»
Am nächsten Tag rufe ich ihn an, um mich für seinen Besuch zu bedanken.
«Ich habe nachgedacht», sagt Botta. «Wenn es Ihnen recht ist, schicke ich gleich jemanden.»
Zwei Tage später sind zwei junge Architekten da, einer ist Computer-Zeichnungs-Spezialist. Der dritte Mann ist Bottas erster Baumeister.
Sie bleiben dreieinhalb Tage, vermessen Meter um Meter, der Boden ist gefroren, von einer dünnen Schneedecke bedeckt, es ist schwierig, die Mess-Stäbe einzurammen, Eiseskälte, die drei sind verpackt wie die Schneemänner, zwischendurch tauen sie in der Bibliothek auf, fertigen phantastische exakte Zeichnungen aus Linien, Punkten an, das Skelett für eine Vision.
Bis sie Gestalt wird, wird es sieben Jahre dauern.
Der Baum steht da, wo der Botta-Turm stehen soll. Der Turm wird der Eingang zum neuen Centre Dürrenmatt sein. Für den Turm gibt es keinen anderen Platz: links ist die Strasse, rechts das erste Dürrenmatt-Haus. Der Baum muss weg. Eine riesige Trauerbuche.
«Kann man einen alten, grossen Baum verpflanzen?»

Ich rufe Monsieur Meier an. Er hat Dürrenmatts Garten angelegt, den Baum mit ihm gepflanzt, vor dreissig Jahren.
«Ça dépend Madame – Heute ist fast alles möglich! Je vais passer…»
Wir streichen um den Baum. Sein Blätterdach wölbt sich wie ein grünes Zelt. Sonnenlanzetten fallen ein, zersplittern, zeichnen Klimt.
«Wenn er seine Wurzeln in die Breite getrieben hat, viele kleine Wurzeln, haben wir eine Chance, 70 bis 80 Prozent. Wenn er zwei grosse Wurzeln in die Tiefe getrieben hat, ist die Chance nicht einmal 50 Prozent – dann mache ich es nicht. En tout cas, ça va vous coûter cher et le risque sera là…»
«Wann müsste man es machen?»
«Im Spätherbst, vor dem Winter.»

Am 13. August 1997 beschliesst der Bundesrat: Das *Centre Dürrenmatt* wird gebaut. Ich schenke das erste Dürrenmatt-Haus und das Grundstück. Bund, Kanton, Stadt und Sponsoren finanzieren gemeinsam den Botta-Bau und den Unterhalt.
Ein Sieg der Demokratie.
Die ersten Bohrmaschinen rücken im Frühjahr 1998 an. Nach einem Meter 50 treffen sie auf Jurafels. Hoffnung für meinen Baum.
Am 3. September 1997 Pressekonferenz: das Projekt *Centre Dürrenmatt* wird der Öffentlichkeit vorgestellt. Bauherr ist der Bund, Betreiber das Schweizerische Literaturarchiv, gegründet mit Dürrenmatts literarischem Nachlass. Baubeginn ist März 1998.
Der Baum muss weg. Der ideale neue Platz ist unten, bei den grossen Eichen, am anderen Ende des Grundstücks. Das Grundstück ist über 10'000 m² gross.
«Wie bringen wir ihn dahin?» frage ich Monsieur Meier.

«Mit dem Helikopter. Die einzigen die einen so grossen Helikopter haben, sind ‹Heliswiss›. Ein ‹Russe›.»
Monsieur Meier rückt mit vier Leuten an. Sie graben einen achtzig Zentimeter tiefen und ein Meter breiten Ring um den Stamm der Buche: ein dichtes Geflecht von Wurzeln und Würzelchen, die den gewaltigen Erdballen durchdringen, umschlingen.
«On a de la chance, Madame, 80 bis 90 Prozent. Je vais téléphoner ‹Heliswiss›. Votre arbre va vous couter cher, Madame!»
Die vier Gärtner graben das neue Bett für die Trauerbuche. Von der Terrasse sieht es aus wie eine dunkelbraune Scheibe, ein Erdkreis von Richard Long.
In der Nacht wache ich auf. Gute Ideen wecken mich immer nachts.
Die Schweizer Armee hat Helikopter! Ogi bewundert Dürrenmatt. Dürrenmatt wollte die Schweizer Armee zwar abschaffen, aber für Umweltschutz und Baumtransport –
Ich rufe Bundesrat Ogi an.
«Wieviel Tonnen sagen Sie?»
«Mindestens 3 ½ bis 4…»
«Unsere ‹Pumas› schleppen nur 2 ½ bis 3 Tonnen. Ich hätte Ihnen gern geholfen –»
Wir brauchen den ‹Russen›.
24. November. Die Herren von «Heliswiss» kommen zur Ortsbesichtigung. Die Baumwurzeln werden verpackt, mit Laub und Säcken umhüllt, damit ihnen nichts passiert, sie nicht austrocknen oder erfrieren.
Der Transport wird beschlossen für Freitag, den 28. November, frühmorgens.
26. November. Der Vertrag von «Heliswiss» kommt per Fax:

«Alle Beteiligten müssen orangefarbene Schutzkleidung tragen, Brillen und Helme – »
Ich rufe deswegen Monsieur Meier an.
16 Uhr. «Heliswiss» ruft an. «Können wir eventuell schon morgen kommen?»
«Je schneller desto besser!»
«Wie ist das Wetter bei Ihnen?»
«Nebel! Sichtweite zehn Meter…»
«Hier ist Sonne. Ich rufe Sie morgen früh um 9 Uhr wieder an. Laut Wetterbericht soll es aufreissen.»
27. November. 9 Uhr. «Also wir könnten um 14 Uhr kommen.» «Heliswiss» am Apparat. «Wie sieht's bei Ihnen aus? Hier scheint die Sonne!»
«Nebel. Nicht ganz so dick wie gestern, ich sehe bis zum Seeufer.»
«Ich schicke mittags jemanden mit dem Wagen rüber, der wird die Wetterlage beurteilen.»
Monsieur Meier ruft an. «Also, ich komme mit vier Leuten um halb zwei.»
«Haben Sie Brillen und Helme?»
«Alles: fünf Brillen, fünf Helme und seit zwei Uhr sechsunddreissig nicht geschlafen.»
12.15 Uhr. Der Fotograf der «Schweizer Illustrierten» kommt.
«In Thun scheint die Sonne. Im Wallis auch.» Hier ist Nebel.
Monsieur Meier kommt mit vier Gärtnern, Schutzhelmen und Sonnenbrillen.
Wir warten.
14.30 Uhr. Orangefarbene Overalls auf der Terrasse. Das Heliswiss-Team. Drei Personen. Der Pilot ist beim Helikopter. Sie sind in Valangin gelandet, 12 Kilometer entfernt.

«In Valangin scheint die Sonne!»
Der Nebel, der bis zur Grundstücksgrenze zurückgewichen war, kriecht wieder näher, leckt an den Fenstern.
«Wir warten noch eine Stunde!»
Drei Männer turnen auf dem Baum herum, vertäuen die Trassen fachgerecht.
15.30 Uhr. Unternehmen Trauerbuche für heute abgebrochen.
Das Heliswiss-Team übernachtet in Neuchâtel. Der ‹Russe› in Valangin. Die Gärtner sind auf Abruf.
Die gelben Helme liegen auf der Couch samt Sonnenbrillen. Assemblage arte povere.
28. November 8 Uhr früh. Nebel zum Schneiden.
Ein neuer Fotograf der «Schweizer Illustrierten» kommt. «In Montreux ist Sonne!»
12 Uhr mittags. Kein Windhauch. Keine Veränderung. Nebel.
Das Heliswiss-Team kommt: «In Valangin ist Sonne!»
13 Uhr. Ich habe das Heliswiss-Team und den Fotografen der «Schweizer Illustrierten» in Dürrenmatts Bibliothek gesetzt.
«Nehmen Sie sich von den Büchern heraus was Sie wollen, nur stellen Sie sie bitte an den gleichen Platz zurück. Sonst sind Sie frei…»
Als ich nach einer Stunde wiederkomme, ist jeder in ein Buch vertieft, einen Bildband, der riesige Globus brennt, seine Innenbeleuchtung erhellt die Welt, offenbar sind sie darin gereist.
«Einmal werden Studenten so im *Centre Dürrenmatt* sitzen!» Der Gedanke freut mich.

13.30 Uhr. Der Nebel ertränkt die Welt. Wir sitzen wie in der Arche Noah.
«Für Sie ist es vielleicht langweilig zu warten, aber wir sind dem Nebel dankbar. Sonst hätten wir das alles nie kennengelernt!»
Ein Licht im Nebel.
Um 14.30 Uhr brechen wir ab.
Morgen ist Samstag. «Falls es aufreisst, sind Sie bereit zu fliegen?»
«Ich rufe Sie um 7.30 Uhr an», sagt der Pilot. «Wenn das Wetter gut ist, kommen wir zurück.»
Sie schwirren aus nach Uri, Luzern, Oberland, Montreux. Der ‹Russe› übernachtet in Valangin.
Monsieur Meier hat noch zwei Gärtner, die anderen gehen zurück nach Portugal.
18 Uhr: Der See, der Himmel, der Baum, ich sitze in einem Dampfkessel, der Deckel ist zu.
20 Uhr: Die Terrasse ist nass. Es regnet. Vom anderen Seeufer schimmern Lichter.
3 Uhr früh: Ich gehe auf die Terrasse. Am Himmel sind Sterne.
Der Orion – Wen jagt er? –

29. November, 7.31 Uhr: Telefon «Heliswiss»:
«Wie sieht's aus?»
«Gut, von Westen her Wolken, aber kein Nebel.»
«Bestens. Wir fahren jetzt los. Der Transport mit dem Heli kann zwischen 10.30 Uhr und 11 Uhr stattfinden.»
7.45 Uhr Anruf Fotograf aus Montreux.
8 Uhr Anruf Monsieur Meier: «Ich habe vier Leute. Die Gärtner bringen ihre Frauen mit, die helfen. On vient à 10h30.»

Der Countdown läuft.
Ich stelle Wein kalt: Vin de Diable
Um 10.30 Uhr sind alle bereit.
Funkspruch an Heli: «Bitte starten!»
10.37 Uhr. Der ‹Russe› schwebt an, er sieht aus wie eine riesige Hornisse, brummt, steht über dem Baum in 80 Meter Höhe, wirft das Seil aus, es verfängt sich in der Zypresse, er macht einen eleganten Schlenker, das Seil ist frei, baumelt genau über der Trauerbuche, kommt leise hin- und herschwankend tiefer, durchdringt die Krone, jemand hakt den Karabiner ein und lautlos, leicht wie eine Blüte hebt sich die 4 Tonnen schwere Trauerbuche in die Luft, die welken Blätter wirbeln, tanzen im Abwind Abschied, schon schwebt sie hoch über unseren Köpfen, *ein Baum fliegt*, der Schwerkraft enthoben, die hängenden nackten Äste sind wie das filigrane Gerüst von Libellenflügeln, die Flügel sind aus Luft, sanft senkt sich unsere Trauerbuche mit dem Erdballen ins vorbereitete Bett, Seil aushaken, einen Augenblick pendelt es noch über unseren Köpfen, wird kürzer, eingezogen, weg, der Heli entschwindet über den Baumkronen unseren Blicken Richtung See .
10.40 Uhr: Die Trauerbuche steht an ihrem neuen Platz.
Nach zwei Stunden ist sie vertäut, gerade gerichtet, mit Erde, Torf eingebettet, gewässert.
Sie steht als hätte sie nie woanders gestanden.

Baubeginn
Neben dem kleinen weissen Haus steht der riesige gelbe Panzerkran mit seinem gefrässigen Maul, in den letzten Tagen hat er vertrocknete Bäume, Sträucher gepackt, in die Reissturbine, Häkselmaschine gezerrt, ein Baubeginnt mit Zerstörung, jetzt ist das Grundstück gerodet, zur Strasse hin mit einem rotweissen Bauzaun abgegrenzt. Projektkommission, Arbeiter sind versammelt.
11.30 Uhr: Der Sprengmeister kommt auf mich zu, nimmt den Helm ab: «Madame, wir haben Ihnen die Sprengung vorberedet, wir bitten Sie uns die Ehre der ersten Sprengung zu erweisen – ».
«Zusammen mit dem *architetto*, mit Mario Botta!»
Wir setzen gelbe Helme auf, der Sprengmeister bläst dreimal ins Horn, Botta legt seine Hand auf meine Hand, ich drehe den Knopf: Sprengung.
Die Steine fliegen durch die Luft, Staub, Applaus, Entwarnung.
Die Bauarbeiten sind eröffnet.
Es ist der 1. April 1998.
Mario Bottas Geburtstag.

Charlotte Kerr Dürrenmatt, Journalistin und Filmemacherin, war von 1984 bis zu seinem Tod 1990 mit Friedrich Dürrenmatt verheiratet. Sie realisierte 1983 und 1991 zwei längere Filme über den Schriftsteller und Maler Friedrich Dürrenmatt.

Photo: Beatrice Liechti

Un arbre vole !

Charlotte Kerr Dürrenmatt

2 janvier 1992
« Seriez-vous prêt à venir à Neuchâtel ? »
A l'autre bout du fil, c'est Mario Botta. « J'ai décidé de faire don d'une maison de Dürrenmatt, avec du terrain pour la construction du musée, je n'ai pas d'argent pour les travaux, mais nous trouverons… Vous ne voulez pas venir jeter un coup d'œil ? »
« Laissons-là les questions d'argent. Dürrenmatt a tant compté dans ma formation intellectuelle, je viens. »
Je ne connais pas vraiment Botta. Je n'ai rencontré le célèbre architecte qu'une seule fois. C'était chez Luginbühl, avec Dürrenmatt. Le grand sculpteur suisse venait de recevoir le Prix Caran d'Ache. Botta faisait partie du jury.
Une brève rencontre, un dialogue empreint d'une haute estime réciproque entre Dürrenmatt et Botta.
Je me rappelle l'épais crayon dans la poche supérieure du veston, toujours à portée de main. Chaque fois que je verrai Botta par la suite, il s'en saisira pour dessiner sur des bouts de papier, des serviettes, des nappes… – et ces yeux : des yeux intelligents, pleins de bonhomie, curieux, pétillants derrière les verres de ses lunettes rondes finement cerclées de fer (pas comme les épaisses lunettes à monture en corne et aux verres épais que portait Dürrenmatt), par-dessus lesquelles il regarde lorsqu'il me fixe pour la première fois. Ces mêmes yeux. Des yeux d'enfant. Toujours, je revois ce premier regard.

Décembre 1991
« Personne ne viendra à Neuchâtel pour voir les tableaux de Dürrenmatt, oublie. Neuchâtel, c'est en Suisse romande, il faut passer le rideau de rösti… et le rideau de rösti, c'est infranchissable. Oublie ! »

Depuis des semaines, j'entends sans cesse le même refrain.
Mais ce Centre Dürrenmatt, je le veux. A Neuchâtel, dans la propriété de Dürrenmatt, dans les maisons où il a vécu depuis 1952, où est née la majeure partie de son œuvre. C'est ici que seront exposés ses tableaux et ses dessins, qui font partie intégrante de son œuvre, qu'il a aimés et que presque personne ne connaît.
C'est dans ce but que j'ai acquis la propriété lors du partage successoral. Je veux offrir toute la propriété pour qu'on y érige un centre universitaire qui transcende les frontières et les facultés – comme la pensée de Dürrenmatt. Pour l'œuvre picturale, il faut construire un musée, une annexe. L'argent me manque tant pour la construction que pour l'exploitation. Mais la Suisse n'est-elle pas un pays riche ?
« Tu n'y arriveras jamais ! Personne ne viendra à Neuchâtel, oublie… »
« Ne dites pas cela ! »
Cocktail à l'Union de banques suisses, inauguration du nouveau centre des médias. Un palais en verre, dans le hall d'entrée deux statues en or d'un mètre de haut, de Niki de Saint Phalle : un hippopotame à la queue formée de petites lampes rouges, vertes, bleues, jaunes, la déesse égyptienne de la fertilité, et Anubis, le chien de garde de l'au-delà.
« Ne dites pas cela… » La voix de l'architecte me tire de mes rêves dorés. Je lui ai fait part à lui aussi de mes soucis. « Au beau milieu du désert, à mi-chemin entre Los Angeles et San Francisco, se dresse une maison du célèbre architecte Hans Meier, devenue un lieu de pèlerinage pour jeunes architectes et touristes, qui viennent là dans l'unique but de voir cette maison, et là, il n'y a pas de tableaux de Dürrenmatt ! »
Des petites lampes s'allument dans ma tête.
Le lendemain, j'appelle Mario Botta.

« Je ne sais pas encore si je construirai quelque chose ici. Si je le fais, ce sera quelque chose de petit, de précieux, qui épouse l'endroit. »

Mario Botta est à côté de moi sur la terrasse de la maison du haut. C'est le 5 janvier 1992. L'anniversaire de Dürrenmatt.

Les bras légèrement levés, les index pointés comme des antennes, sensibles aux vibrations, il parcourt le jardin, ses allées labyrinthiques, descend jusqu'au bas de la propriété ; je l'ai laissé seul, il s'est imprégné de l'endroit, de l'« habitat » de Dürrenmatt.

« Je vois surgir le Minotaure de tous côtés ! » Il rit.

« Si vous le voulez bien, j'enverrai cet été deux de mes gens mesurer les lieux. Il me faut, comme un médecin, avoir une radiographie, un scanner du terrain avant de pouvoir me mettre au travail… »

Le jour suivant, je l'appelle pour le remercier de sa visite. « J'ai réfléchi, dit Botta, si ça ne vous dérange pas, j'envoie quelqu'un tout de suite. »

Deux jours après, deux architectes sont là, l'un d'eux est spécialiste en dessin informatique. Ils sont accompagnés du premier maître d'œuvre de Botta.

Ils restent trois jours et demi, mesurent le terrain mètre par mètre, le sol est gelé, recouvert d'une fine pellicule de neige, difficile d'enfoncer les jalons, l'air est glacial. Emmitouflés jusqu'aux oreilles, ils ont l'air de bonhommes de neige ; de temps à autre, ils viennent se réchauffer dans la bibliothèque, tracent des dessins extraordinairement précis, des lignes, des points : le squelette d'une vision.

Il faudra sept ans pour qu'elle prenne corps.

L'arbre se dresse à l'emplacement où Botta prévoit de construire la tour, qui donnera accès au Centre Dürrenmatt. La tour ne peut être construite qu'à cet endroit-là : à gauche, il y a la rue, à droite, la première maison de Dürrenmatt. L'arbre doit être enlevé. Un immense hêtre pleureur.

« Peut-on transplanter un vieil arbre de si grande taille ? »

Monsieur Meier, qui a aménagé le jardin de Dürrenmatt et planté cet arbre avec lui trente ans plus tôt, me répond : « Ca dépend, Madame… aujourd'hui presque tout est possible ! Je vais passer… »

Nous devisons autour de l'arbre. Sa frondaison forme un grand chapiteau vert. Des lancettes de soleil y plongent, se fragmentent : un tableau de Klimt.

« Si ses racines ont poussé en largeur, s'il y a beaucoup de petites racines, nous avons 70 à 80 % de chances. Si deux grandes racines ont poussé en profondeur, il n'y a même pas 50 % de chances, dans ce cas, je renoncerais. En tout cas, ça va vous coûter cher et le risque sera là… »

« Quand faudrait-il le faire ? »

« A l'arrière-automne, juste avant l'hiver… »

Le 13 août, le Conseil fédéral donne son feu vert à la construction du Centre Dürrenmatt.

J'offre la première maison de Dürrenmatt et le terrain ; la Confédération, le canton, la Ville et des sponsors financent ensemble la construction de Botta et l'entretien.

Une victoire de la démocratie.

Les premières excavatrices arrivent. Sous un mètre et demi de pierre du Jura, il y a de l'espoir pour mon arbre.

Le 3 septembre, conférence de presse. Le Centre Dürrenmatt est présenté au public. La Confédération en est le maître d'ouvrage, les Archives littéraires suisses, fondées suite au legs des archives de Dürrenmatt, en assureront l'exploitation.

Début des travaux : mars 1998.

Quant à notre arbre, on a décidé de le replanter à l'autre bout de la propriété, en contrebas, près du grand chêne. Le terrain fait 10 000 m².

« Comment le transporter jusque-là ? » Je demande à Monsieur Meier.

« Par hélicoptère, répond-il, je sais qu'Heliswiss dispose d'un appareil assez gros, un hélicoptère russe. »

Arrive Monsieur Meier accompagné de quatre personnes. Ils creusent un trou de 80 centimètres de fond et d'un mètre de large autour du tronc : un enchevêtrement de racines prises dans d'énormes mottes de terre forme un immense écheveau autour de l'arbre.

« On a de la chance, Madame, c'est du 80 à 90 % ! Je vais téléphoner à Heliswiss ! Votre arbre va vous coûter cher, Madame ! »

Les quatre jardiniers creusent le nouveau lit du hêtre pleureur. De la terrasse, on dirait un disque brun foncé, un cercle de terre de Richard Long.

Je me réveille en pleine nuit. Les bonnes idées me réveillent toujours la nuit. L'armée suisse, elle a des hélicoptères ! Ogi admire Dürrenmatt. Dürrenmatt voulait certes abolir l'armée, mais pour la protection de l'environnement et le transport d'un arbre…

J'appelle le conseiller fédéral Adolf Ogi.

« Combien de tonnes, dites-vous ? »

« Pas loin de quatre… »

« Nos Pumas ne peuvent pas porter plus de 2 tonnes et demie à 3 tonnes. Je vous aurais volontiers aidée… »

Il nous faut le « russe ».

24 novembre. Les gens d'Heliswiss viennent repérer les lieux. Pour éviter que les racines de l'arbre ne se dessèchent et afin de les protéger contre le froid, elles sont soigneusement emballées dans un treillis rempli de terre et de feuilles mortes.

Le transport est prévu pour le vendredi 28 novembre, tôt le matin.

26 novembre. Le contrat d'Heliswiss arrive par fax.

« Tous les participants à l'opération porteront des tenues de protection de couleur orange, des lunettes et des casques. » J'appelle Monsieur Meier.

16 heures. Coup de fil d'Heliswiss. « Est-ce que nous pouvons éventuellement déjà venir demain matin ? »

« Le plus vite sera le mieux ! »

« Quel temps fait-il chez vous ? »

« Brouillard. 10 mètres de visibilité. »

« Ici, il fait un temps superbe. Je vous rappelle demain matin vers 9 heures. D'après la météo, le ciel devrait se dégager. »

27 novembre, 9 heures. « Nous pourrions être chez vous vers 14 heures. » Heliswiss à l'appareil. « Le temps s'est arrangé ? Ici il fait grand soleil ! »

« Brouillard. Un peu moins épais qu'hier, j'aperçois le lac. »

« J'envoie quelqu'un en voiture vers midi ; il jugera de la situation. »

Monsieur Meier appelle. « J'arrive avec quatre personnes à une heure et demie. »

« Avez-vous des lunettes et des casques ? »

« Tout : cinq paires de lunettes, cinq casques, et je n'ai pas fermé l'œil depuis deux heures trente-six. »

12 heures 15. Le photographe du *Schweizer Illustrierte* arrive. « A Thoune, il fait beau. En Valais aussi. » Ici, le brouillard s'accroche.

Monsieur Meier vient avec quatre jardiniers, équipés de casques de protection et de lunettes.

L'attente commence.

14 heures 30. Combinaisons orange sur la terrasse. Les trois hommes d'Heliswiss. Le pilote de l'hélicoptère a posé son appareil à Valangin, à douze kilomètres d'ici.
« A Valangin, il fait beau ! »
Le brouillard, qui avait reculé jusqu'à la limite inférieure de la propriété, regagne du terrain et vient lécher les fenêtres.
« Nous attendons encore une heure ! »
Perchés dans l'arbre, trois hommes amarrent les câbles avec dextérité.
15 heures 30. Opération hêtre pleureur interrompue pour aujourd'hui.
L'équipe d'Heliswiss passe la nuit à Neuchâtel, le « russe » à Valangin. Les jardiniers sont de piquet.
Les casques jaunes sont posés sur le canapé, avec les lunettes de soleil. Assemblage *arte povere*.
28 novembre, 8 heures du matin. Un brouillard à couper au couteau.
Arrive un autre photographe du *Schweizer Illustrierte*. « A Montreux, il fait grand beau ! »
Midi. Pas un souffle d'air. Aucun changement. Brouillard.
L'équipe d'Heliswiss arrive : « A Valangin, il fait grand beau. »
13 heures. J'ai invité l'équipe d'Heliswiss et les photographes du *Schweizer Illustrierte* à prendre place dans la bibliothèque de Dürrenmatt.
« Prenez les livres que vous voulez, je vous demande simplement de les remettre à leur place. Pour le reste, faites comme chez vous… »
A mon retour une heure plus tard, chacun est plongé dans sa lecture, près du grand globe terrestre, éclairant de l'intérieur les mondes où ils sont de toute évidence partis en voyage.
« Un jour, des étudiants seront assis à cette même place au Centre Dürrenmatt. » Cette idée me réjouit.

13 heures 30. Le monde est noyé dans le brouillard. Nous sommes comme dans l'Arche de Noé.
« Pour vous, c'est peut-être ennuyeux d'attendre, mais nous, nous remercions le brouillard. Sans lui, nous n'aurions jamais connu tout cela ! »
Une lueur dans le brouillard.
A 14 heures 30 environ, l'opération est ajournée.
Demain, c'est samedi.
« Si ça se dégageait, seriez-vous prêts à décoller ? »
« Je vous appellerai vers 7 heures et demie, dit le pilote, s'il fait beau, nous reviendrons. » Pour le moment, chacun rentre chez soi, destination Uri, Lucerne, l'Oberland ou Montreux. Le « russe » reste à Valangin.
Monsieur Meier n'a plus que deux jardiniers, les autres sont repartis au Portugal.
18 heures. Le lac, le ciel, l'arbre… je suis dans une marmite à vapeur dont le couvercle est fermé.
20 heures. La terrasse est mouillée. Il pleut. Les lumières scintillent sur l'autre rive du lac.
3 heures du matin. Je vais sur la terrasse. Le ciel est étoilé. Orion – qui chasse-t-il ?
29 novembre, 7 heures 31. Téléphone d'Heliswiss :
« Quel temps fait-il ? »
« C'est beaucoup mieux, des nuages à l'ouest mais plus de brouillard. »
« Parfait, nous partons à l'instant même. Le transport aura lieu entre 10 heures 30 et 11 heures. »
7 heures 45. Appel du photographe de Montreux.

8 heures. Appel de Monsieur Meier : « J'ai quatre personnes, les jardiniers viennent avec leur femme, qui donneront un coup de main. On sera là à 10 heures 30. »
Le compte à rebours a commencé.
Je mets du vin au frais, du « vin du diable ».
A 10 heures 30, tout le monde est prêt.
Contact radio avec l'hélicoptère: « Vous pouvez décoller ! »
10 heures 37. Le « russe » apparaît dans le ciel, il ressemble à un gigantesque frelon, il bourdonne, s'immobilise 80 mètres au-dessus de l'arbre, déroule le câble, qui se prend dans le cyprès. D'une manœuvre élégante, le pilote libère le câble, qui est maintenant suspendu au-dessus du hêtre, descend lentement avec un léger mouvement de balancier, s'enfonce dans la couronne. Quelqu'un attache le mousqueton et, sans bruit, léger comme une fleur, le hêtre de quatre tonnes s'élève dans les airs, les feuilles mortes tourbillonnent, dansent dans le vent. Bientôt, il plane au-dessus de nos têtes, « un arbre vole », libéré de la pesanteur, ses branches nues ressemblent aux nervures des ailes de libellules, légères comme l'air. Notre hêtre avec son énorme motte de terre descend en douceur dans son nouveau lit, on décroche le câble, qui oscille un instant encore au-dessus de nos têtes avant de remonter. L'hélicoptère s'éloigne vers le lac et disparaît à l'horizon.
10 heures 40. Le hêtre est à sa place.
Deux heures plus tard, il est amarré, redressé, entouré de terre, de tourbe, arrosé.
C'est comme s'il avait toujours été là.

La construction peut maintenant commencer.
L'énorme grue à chenilles jaune est à côté de la petite maison blanche. Depuis quelques jours, elle arrache de ses mâchoires voraces arbres secs et arbustes et les introduit dans la broyeuse où ils sont hachés menu. Pour construire, il faut commencer par détruire. La propriété est maintenant défrichée, entourée jusqu'à la route de bandes de chantier rouges et blanches. La commission du projet et les ouvriers sont rassemblés.
11 heures 30. Le maître artificier s'approche de moi, ôte son casque : « Madame, nous avons placé l'explosif, veuillez nous faire l'honneur de déclencher la première charge. »
« D'accord, mais avec *l'architetto*, avec Mario Botta ! »
Nous coiffons le casque jaune, le maître artificier souffle trois fois dans la corne, Botta pose sa main sur la mienne, je tourne le bouton : feu !
Des pierres volent dans tous les sens, un nuage de poussière se forme, les gens applaudissent, fin d'alerte.
Le chantier est ouvert.
C'est le 1er avril 1998.
L'anniversaire de Mario Botta.

La journaliste et cinéaste Charlotte Kerr Dürrenmatt a été mariée à Friedrich Dürrenmatt de 1984 jusqu'à la mort de ce dernier en 1990. En 1983 et 1991, elle a réalisé deux films sur l'écrivain et le peintre Friedrich Dürrenmatt.

(Traduction : Natascha Muther Devaud)

Ein Werk wie kein anderes

Stephan Stadler

Vor 5 Jahren wäre niemand auf die Idee gekommen, in einem Naherholungsgebiet oberhalb der Stadt Neuenburg inmitten eines steilen Areals, dessen Überbaubarkeit durch Waldabstandsvorschriften verunmöglicht war, ein Bauwerk zu errichten, dessen Gestaltung und Multifunktionalität hohen Ansprüchen zu genügen hat. Ein Vorhaben, das dem geneigten Publikum die Symbiose des bildnerischen Werkes Friedrich Dürrenmatts mit dessen literarischem Nachlass aufzeigen und die Ausstrahlung des Gesamtwerkes im frankophonen Raum fördern soll. Ein Bauwerk, das sich in die Landschaft einbettet und welches dem Genius des weltberühmten Emmentaler Schriftstellers in seiner letzten Heimat durch die gestalterische Kraft eines Tessiner Architekten gerecht werden sowie die optimalen Voraussetzungen für den Betrieb durch das Schweizerische Literaturarchiv schaffen soll. Rückblickend darf ich feststellen, dass sich das gegenseitige Einvernehmen in der Realisierungsphase – anders als beim Turmbau zu Babel – nicht im Chaos und babylonischen Sprachgewirr aufgelöst sondern auf die Dauer gefestigt hat.

Als Vertreter des Eidg. Finanzdepartementes, das als Bauherrschaft für dieses Projekt verantwortlich zeichnet, wurde mir bewusst, dass die Messlatte recht hoch und selbst für Stabhochspringer unerreichbar anzusetzen war, da sich hinter dem «Centre Dürrenmatt» weit mehr verbirgt als das, was gemeinhin unter «Verwaltungsgebäude der Schweizerischen Eidgenossenschaft» verstanden wird. Das Werk ist weder ein Mausoleum noch ein Museum oder ein Ort, wo der bildnerische Nachlass Dürrenmatts administriert werden soll. Vielmehr soll das Gebäude der Auseinandersetzung mit Dürrenmatts Botschaften an die Nachwelt über die Sprachregionen und Grenzen hinaus dienen.

Die Voraussetzungen hiefür sind gut. So hat die Entwicklung des Projektes zwischen Bund, Stadt und Kanton Neuenburg trotz geographischer Höhenunterschiede aufgezeigt, dass unser föderalistisches System – obwohl von Reformern oft geschmäht – grosse Qualitäten birgt, die sich im vorliegenden Fall in der Verbundenheit mit dem kulturellen Erbe unseres Landes manifestieren. So ist es nicht selbstverständlich, dass der Kanton Neuenburg rund 50% seines jährlichen Kulturbudgets an die Investitionskosten aufgewendet hat und die Stadt jährlich einen namhaften Beitrag an den Betrieb der Institution leistet.

Das Projekt beinhaltet auch ein politisches Bekenntnis zur Kultur, da der Entscheid zu seiner Realisierung zu einer Zeit gefällt worden ist, als die verfassungsrechtliche Grundlage für die Kulturförderung fehlte und somit formell keine Kernaufgabe des Staates war. Umso mehr ist der Umstand zu gewichten, dass das Bauwerk unter Umschiffung bürokratischer Klippen in Rekordzeit realisiert werden konnte, wenn man bedenkt, dass die Baubewilligung am 5. Mai 1998 erteilt wurde. So kann das Vallon de l'Ermitage, in dem Dürrenmatt über der Stadt thronte, die zu germanisieren er trotz allem nicht trachtete, aufs Neue vom Geiste des Querdenkers erfüllt werden. Vielleicht würde er das Ganze als grotesk empfinden und sich mit homerischem Gelächter auf seiner Wolke im Autorenhimmel zurücklehnen, um zuzusehen, was wir alles mit seinem Nachlass anstellen, den zu interpretieren und zu katalogisieren wir uns anmassen.

Aber vielleicht braucht es für den Erfolg von Unternehmungen wie dieser ein Quentchen Unverfrorenheit und Mut um den Nachweis zu erbringen, dass wir hier kein Autorendenkmal, sondern eine Plattform für alle dieje-

Une œuvre à nulle autre pareille

Stephan Stadler

nigen erschaffen haben, die sich mit dem geistigen Erbe Dürrenmatts auseinandersetzen wollen.

Ich möchte allen, die dem Vorhaben ihre Unterstützung zuteil werden liessen, ganz herzlich danken: Charlotte Kerr Dürrenmatt, Mario Botta, dem Kanton und der Stadt Neuenburg, der Friedrich Dürrenmatt-Stiftung, der Familie Liechti, den Sponsoren und vor allem meinen Kollegen und Mitstreitern beim Bundesamt für Bauten und Logistik und dem Bundesamt für Kultur und der Schweizerischen Landesbibliothek, ohne deren engagierte Mitwirkung das Ziel nicht erreicht worden wäre.

Qui aurait songé, il y a cinq ans, à ériger dans un vallon au-dessus de la ville de Neuchâtel, sur un terrain tellement escarpé et entouré de forêts qu'il était déclaré légalement inconstructible, un édifice dont l'architecture devait être à la hauteur de l'usage multifonctionnel que l'on comptait en faire ? Un édifice dont la finalité était de révéler à un public intéressé les liens étroits qui existent entre l'œuvre littéraire et l'œuvre picturale de Friedrich Dürrenmatt et de contribuer au rayonnement de l'ensemble de son œuvre dans l'espace francophone. Un édifice qui s'insérerait dans le paysage et qui rendrait hommage, grâce au talent d'un architecte tessinois, au génie du célèbre écrivain originaire de l'Emmental au lieu même de son dernier domicile, tout en satisfaisant aux exigences de fonctionnement formulées par les Archives littéraires suisses. Maintenant que le Centre Dürrenmatt est achevé, je suis heureux de constater qu'il n'a, par bonheur, pas connu le triste sort de la tour de Babel, puisque, au lieu d'une cacophonie, on a vu régner durant tout la phase de réalisation du projet une entente grandissante entre les différents partenaires qui y étaient associés.

En tant que représentant du Département fédéral des finances, qui est le maître d'œuvre, je me suis rendu compte que nous devions placer la barre très très haut, puisque le Centre Dürrenmatt est bien plus qu'un simple bâtiment administratif de la Confédération suisse. L'édifice n'est ni un mausolée, ni un musée, et encore moins un lieu où l'on se contentera simplement de gérer les œuvres picturales de Dürrenmatt. Non, le Centre Dürrenmatt s'est donné comme mission de servir de lieu de réflexion suprarégional et supranational sur l'héritage de Dürrenmatt.

Stephan Stadler ist Projektdelegierter des eidg. Finanzdepartements für das Centre Dürrenmatt und arbeitet als Jurist bei der eidg. Finanzverwaltung.

Les fondations du Centre Dürrenmatt sont solides. En effet, le projet, qui a été élaboré en commun par la Confédération, le canton de Neuchâtel et la Ville de Neuchâtel, montre que, malgré l'implication de trois niveaux de décision, le fédéralisme – spécificité suisse souvent critiquée dans les projets de réforme – recèle de grandes qualités. Dans le cas présent, l'une de ces qualités se traduit par l'attachement des trois partenaires au patrimoine culturel de la Suisse. A cet égard, il convient de relever la grande générosité du canton de Neuchâtel, qui a consacré presque la moitié de son budget annuel affecté à la culture pour couvrir les frais d'investissement, et la contribution substantielle que la Ville de Neuchâtel versera tous les ans au fonctionnement de l'institution.

Le Centre Dürrenmatt symbolise aussi la reconnaissance, par les politiques, de l'importance de la culture. N'oublions pas, en effet, que la décision de le réaliser a été prise alors que la promotion de la culture ne comptait, strictement parlant, pas encore au nombre des tâches premières de la Confédération, le soutien à la culture n'étant à l'époque pas encore inscrit dans la Constitution fédérale. Il est donc d'autant plus remarquable qu'à la faveur de quelques coups de barre habiles qui ont permis de contourner les écueils administratifs l'édifice a été érigé en un temps record (compte tenu du fait que le permis de construire n'a été délivré que le 5 mai 1998).
Ainsi l'esprit du trublion habitera à nouveau le Vallon de l'Ermitage, où l'écrivain s'était retiré et où il « régnait » sur la ville de Neuchâtel sans jamais prétendre la germaniser pour autant. Peut-être Dürrenmatt part-il dans un grand éclat de rire, un rire homérique, là-haut dans le paradis des auteurs, confortablement installé sur un nuage, en regardant d'un air amusé tout ce remue-ménage autour de son héritage et en voyant comment nous nous arrogeons le droit d'interpréter et de cataloguer ses œuvres ? Peut-être trouve-t-il tout ce spectacle grotesque ?

Peut-être faut-il avoir, pour mener à bien un projet comme celui du Centre Dürrenmatt, un brin d'effronterie et un peu de courage pour prouver que cet édifice n'est pas un monument érigé à la gloire d'un auteur, mais un lieu de réflexion sur l'héritage qu'il nous a laissé.
Je tiens à remercier ici toutes les personnes qui ont rendu possible la réalisation du Centre Dürrenmatt : Charlotte Kerr Dürrenmatt, Mario Botta, le canton et la Ville de Neuchâtel, le Fondation Friedrich Dürrenmatt, la famille Liechti et les sponsors, sans oublier mes collègues de l'Office fédéral des constructions et de la logistique et de l'Office fédéral de la culture et de la Bibliothèque nationale, grâce à l'engagement desquels ce projet a pu être mené à bien.

Stephan Stadler est le délégué du Département fédéral des finances au projet « Centre Dürrenmatt » et travaille en tant que juriste à l'Administration fédérale des finances.

(Traduction : Natascha Muther Devaud)

Tribut an einen Rebellen – ohne Besitzanspruch

Blaise Duport

Friedrich Dürrenmatt, einer der herausragendsten deutschsprachigen Schriftsteller, verfasste den Grossteil seines Werkes im Vallon de l'Ermitage in Neuenburg. 1952 kaufte er ein erstes Grundstück mit einem Wohnhaus und erwarb dann im Laufe der Jahre weitere Parzellen, auf denen er zunächst ein Atelier und anschliessend eine zweites Wohn- und Arbeitshaus errichten liess.

In einer Ausgabe der «Revue neuchâteloise» zur Rettung des Vallon de l'Ermitage, das damals durch die Belüftungskamine der Tunnel der A5-Autobahn gefährdet war, beschrieb Dürrenmatt diesen Ort wie folgt: «Ich ging durch den von den Kühen befreiten Garten, blickte das Vallon hinunter, der See glänzte wie ein gewaltiger Spiegel herauf, ich sah alles wie zum ersten Mal, ich war im Weiten, nicht mehr wie einst in den Labyrinthen und Höhlen meiner Jugend, wo mich das Emmental mit seinen Tannenwäldern umfing.»

Abgesehen von der emotionalen Bindung eignet sich Neuenburg auch kulturell gesehen bestens als Standort des Centre Dürrenmatt, das so in einer Stadt in der Nähe der Sprachgrenze als Brücke für die Kommunikation dienen –, die Beziehungen zwischen den Regionen festigen und damit den Anliegen gerecht werden kann, zu denen Friedrich Dürrenmatt sich äusserte, als er schrieb, wir lebten nebeneinander, aber nicht miteinander; es fehle ein Dialog, eine Verständigung unter Deutsch- und Westschweizern. Wir möchten an dieser Stelle Charlotte Kerr Dürrenmatt unseren Dank und unsere Anerkennung aussprechen. Sie hat die Behörden des Bundes, des Kantons und der Stadt Neuenburg überzeugt, die einmalige Gelegenheit zu ergreifen, die Talente des berühmten Schriftstellers Dürrenmatt und des renommierten Architekten Mario Botta zusammen zu führen. Unsere Stadt und unser Land werden um ein Zentrum von internationaler Ausstrahlung bereichert, das zu einem Ort des kritischen Nachdenkens und des Protests werden soll – wie der Mensch und der Schriftsteller, dessen Name das Zentrum trägt, wie der «gute Gewissens-Verderber» und Diagnostiker unseres tiefgründigsten Unbehagens Friedrich Dürrenmatt. Ein mutiger Mann, von dem Bundesrat Adolf Ogi einmal auf einer Vernissage erklärte, er bewundere Mut; den Mut, auch und gerade dann, wenn die Mehrheit anders denkt, frei zu denken und zu sprechen. Der Mut unseres grössten Schriftstellers solle uns anspornen und uns im ausgehenden Jahrhundert als Vorbild dienen.

Das Centre Dürrenmatt wird die schwierige und gleichzeitig beispielhafte Aufgabe haben, einem Querdenker Tribut zu zollen, ohne ihn zu vereinnahmen; sein Denken und Schaffen fortzuschreiben und hier wie anderswo zu zeigen, dass die Dissidenten und Rebellen unter den Künstlern, Dichtern und Schriftstellern ihrer Zeit oft ganz einfach voraus sind.

Blaise Duport war bis Sommer 2000 Gemeinderat und Direktor für Stadtplanung und kulturelle Angelegenheiten der Stadt Neuenburg.

(Übersetzung: Heidi Temnewo-Mori)

Rendre hommage à un rebelle sans le récupérer

Blaise Duport

Friedrich Dürrenmatt, l'un des plus brillants écrivains de langue allemande, a créé l'essentiel de son œuvre à Neuchâtel, au Vallon de l'Ermitage. En effet, après l'achat d'une première propriété en 1952, il a acquis au fil des ans d'autres parcelles sur lesquelles il a d'abord fait construire un atelier, puis une seconde résidence.

Dans un numéro de la *Revue neuchâteloise* consacré au sauvetage du Vallon de l'Ermitage, alors menacé par les cheminées d'aération des tunnels de l'autoroute A5, l'écrivain parle de cet endroit en ces termes: «Je traversai le ardin libéré des vaches et jetai un coup d'œil vers le bas du vallon; il me semblait assister à ce spectacle pour la première fois. J'étais dans l'immensité et non plus comme autrefois dans les labyrinthes et les grottes de ma jeunesse, où l'Emmental m'entourait de ses forêts de sapin.»

Indépendamment de cet attachement affectif au site, Neuchâtel constitue aussi, culturellement parlant, le lieu idéal pour accueillir le Centre Dürrenmatt. Dans une ville proche de la frontière linguistique, il pourra servir en effet de passerelle de communication et permettre de resserrer les liens entre les régions en allant ainsi à la rencontre des préoccupations qu'exprimait Friedrich Dürrenmatt lorsqu'il écrivait: «Nous vivons les uns à côté des autres, mais pas ensemble. Ce qui manque, c'est le dialogue, la communication entre Alémaniques et Romands.»

Nous tenons ici à exprimer notre gratitude et notre reconnaissance à Mme Charlotte Kerr Dürrenmatt qui a su convaincre les autorités de la Confédération, du canton et de la Ville de Neuchâtel de saisir cette chance unique de conjuguer ensemble les talents de l'illustre écrivain Dürrenmatt et du célèbre architecte Mario Botta pour offrir à notre cité et à notre pays un centre au rayonnement international destiné à devenir un lieu de réflexion critique et de contestation, à l'image de l'homme et de l'écrivain qui lui donne son nom, à l'image de l'empêcheur de fêter en bonne conscience et du diagnostiqueur de nos plus profonds malaises que fut Dürrenmatt. Un homme courageux aussi, à propos duquel le conseiller fédéral Adolf Ogi a eu l'occasion de déclarer lors d'un vernissage: «J'admire ce courage. Le courage de penser et de parler librement aussi dans des situations, surtout dans ces situations, où beaucoup de personnes, peut-être la majorité, sont d'un autre avis. Que le courage de notre plus grand écrivain nous stimule et nous serve d'exemple en ce siècle finissant!»

Le Centre Dürrenmatt aura ainsi pour mission à la fois difficile et exemplaire de rendre hommage à un contestataire sans le récupérer. De prolonger sa pensée et son œuvre en réaffirmant qu'ici comme ailleurs, les artistes, les poètes et les écrivains dissidents et rebelles ne le sont souvent que parce qu'ils sont en avance sur leur temps.

Blaise Duport était jusqu'en été 2000 conseiller communal et directeur de l'urbanisme et des affaires culturelles de la Ville de Neuchâtel.

Paradox

Thierry Béguin

Neuenburg wusste die Seinen nicht immer zu erkennen. Edouard Jeanneret-Gris wurde erst in Paris zu Le Corbusier, wo Malraux in der Halle des Louvre die Grabrede hielt. Frédéric Sauser alias Blaise Cendras verliess eine Heimat, in der ihn nichts zurückhielt, und entfaltete seine Albatrosschwingen über der grossen weiten Welt.

Nun gedenkt Neuenburg eines Künstlers, der nicht zu den Seinen gehört. Friedrich Dürrenmatt ist kein Hiesiger. Er wollte sich nie in Neuenburg integrieren. Sein Denken und seine Sprache blieben deutschschweizerisch. Nur die Umstände hielten ihn im Vallon de l'Ermitage fest: die aussergewöhnlich schöne Landschaft und die Nähe zu einem zentral gelegenen Bahnhof, wie er einmal in der ihm eigenen provokanten Art erklärte.
Der Schriftsteller und Maler hat ein universelles Werk hinterlassen, vor welchem der Ort in den Hintergrund tritt. Für Dürrenmatt, Visionär seiner Zeit, bilden das Groteske und die Parodie die einzige Ästhetik zur Abbildung der Wirklichkeit.

Dürrenmatts Beschreibungen unserer chaotischen Welt sind von erstaunlicher Aktualität. Er vermittelt keine trostreiche Doktrin, doch er ermutigt, nicht zu kapitulieren – wie der mutige Mensch, wie er ihn nennt, der zwar nicht die Verhältnisse ändert, aber zumindest die verlorene Ordnung im eigenen Inneren wieder herstellt.

Mit der Ehre für Dürrenmatt ehrt Neuenburg sich selbst. Die Talente von Dürrenmatt und Botta vereinigen sich und heben Grenzen auf, wirkliche und solche in den Köpfen, Grenzen, die Cendrars und Corbusier seinerzeit überschreiten mussten.

Thierry Béguin ist Staatsrat und Vorsteher des Erziehungs- und Kulturdepartements der Republik und des Kantons Neuenburg.

(Übersetzung: Heidi Temnewo-Mori)

Paradoxe

Thierry Béguin

Neuchâtel n'a pas toujours su reconnaître les siens. Edouard Jeanneret-Gris ne deviendra Le Corbusier qu'à Paris où Malraux prononcera son éloge funèbre dans la cour carrée du Louvre. Frédéric Sauser, alias Blaise Cendrars, quittera une patrie où rien ne le retenait : il lui a fallu le vaste monde pour déployer ses ailes d'albatros.

Mais voilà que Neuchâtel se souvient d'un créateur qu'il n'a pas enfanté. Friedrich Dürrenmatt n'est pas d'ici ; il n'eut jamais la volonté de s'intégrer à ce pays et son imaginaire comme son expression demeureront germaniques. Ce ne sont que les circonstances qui le fixèrent au Vallon de l'Ermitage : l'exceptionnelle beauté des lieux et la proximité d'une gare bien centrée, selon ce qu'il déclara un jour avec ce sens de la provocation qui était le sien !

Mais l'œuvre de l'écrivain et du peintre est universelle, elle relègue donc le lieu à l'accessoire. Visionnaire de ce temps, Dürrenmatt nous propose le grotesque parodique comme seule esthétique capable de rendre compte de la réalité.

Etonnamment actuel, il décrit notre monde comme chaotique et s'il ne propose aucune doctrine consolante, il invite à ne pas capituler, à l'image de ce qu'il appelle l'homme courageux qui, s'il ne change rien à l'état des choses, restaure au moins en lui-même l'ordre perdu.

En honorant Dürrenmatt, Neuchâtel s'honore et en réunissant son génie à celui du Tessinois Botta nous abolissons les frontières, réelles ou imaginaires, que nous avons laissé franchir naguère à Cendrars et au Corbusier.

Thierry Béguin est conseiller d'Etat et chef du Département de l'instruction publique et des affaires culturelles de la République et du canton de Neuchâtel.

Das Centre Dürrenmatt – Ein Spezialauftrag

Laurent Gioria

Im Februar 1997 erhielt das damalige Amt für Bundesbauten (heute: Bundesamt für Bauten und Logistik, BBL) einen nicht alltäglichen Auftrag, nämlich die Verwirklichung des Projektes Centre Dürrenmatt in Neuchâtel. Es handelte sich um ein Projekt, das schon seit mehreren Jahren sowohl unter Fachleuten wie auch in der Öffentlichkeit ein Thema war. Das Projekt genoss auf Anhieb grosse Aufmerksamkeit, denn die Bedeutung für unser Land war klar: Es sollte das Werk werden von zwei weit über die Schweizer Grenzen hinaus bekannten Künstlern: der noch lebende Künstler baut ein Haus für das Werk des andern.

Auf Wunsch von Charlotte Kerr Dürrenmatt setzte sich der Architekt Mario Botta mit verschiedenen Varianten des künftigen Centre auseinander. Das Grundstück, ein Geschenk von Chalotte Kerr Dürrenmatt an den Bund, war festgelegt.

So ungewöhnlich das Projekt war, so entpuppte sich auch dessen Realisierung. In der Regel bauen und verwalten die Bauorgane des Bundes Projekte, die den Bedürfnissen und der Nachfrage der Verwaltungsdienststellen entsprechen. Im Fall des Centre Dürrenmatt entwickelten Private sowohl die Idee wie auch die Initiative und wählten auch den Architekten aus. Erst danach gelangte das Projekt zum damaligen Liegenschaftsdienst der EFV, der sich mit den juristischen Fragen zu befassen hatte; und anschliessend zum Bundesamt für Kultur zur Ausarbeitung eines Betriebskonzeptes. Die verschiedenen Bundesstellen mussten dabei Flexibilität und Anpassungsvermögen beweisen, um mit den aussergewöhnlichen Umständen zurecht zu kommen. Gleichzeitig bot das Projekt die Chance, das Bild einer verkrusteten und unbeweglichen Verwaltung zu korrigieren!

Der erste Arbeitsschritt der Verwaltung bestand darin, das ausgewählte Projekt weiterzuentwickeln, um anschliessend die Baubewilligung zu beantragen und das Pflichtenheft der Benützer anzupassen: das Schweizerische Literaturarchiv.

Projekt und Regierungsreform

Im Januar 1999 veränderte die Regierungsreform (RVR-NOVE) die Strukturen im Bauwesen des Bundes. Die operative Gruppe, die sich bis anhin um die Projektverwaltung gekümmert hatte, führte auch im neuen Bauorgan im Zivilbereich, dem Bundesamt für Bauten und Logistik (BBL), das Projekt weiter. Die Herausforderung dieser Gruppe bestand darin, die Kontinuität des Projektes Centre Dürrenmatt trotz den einschneidenden strukturellen Veränderungen sicherzustellen. Dies ist gelungen: Mit viel Engagement und Interesse, ausgestattet mit den erforderlichen Ressourcen, ist das Projekt erfolgreich weitergeführt und beendet worden.

Projekt und Bauherr

Als Vertreter des Bauherrn hatte das Bauorgan – im vorliegenden Fall das BBL – die Aufgabe, die notwendigen Rahmenbedingungen zur Durchführung des Projekts unter bestmöglichen Voraussetzungen zu schaffen. Diese Aufgabe delegierte es an den Projektleiter. Dieser überwachte die architektonische und bauliche Qualität des Objektes und sorgte für die Einhaltung der Fristen und Kosten der definierten Standards und der

Benutzerbedürfnisse. Er traff sämtliche Massnahmen, um die Interessen des Bundes als Eigentümer und als Bauherr zu wahren. Ausserdem stellte er sicher, dass die Auflagen des Pflichtenhefts erfüllt wurden.

Diese Tätigkeiten durften aber keinesfalls die Kreativität und die Suche nach hochwertigen architektonischen Lösungen beeinträchtigen. Die Originalität des Projekts Centre Dürrenmatt und das Interesse, das es unmittelbar nach dem Abschluss bei Fach-, Kultur-, Politik- und Medienkreisen genoss, zeigen unter anderem, dass hier diese «Gratwanderung» gelungen ist und dass die gesetzten Ziele erreicht worden sind.

Das Bundesamt für Bauten und Logistik übergibt nun das Centre Dürrenmatt den Betriebsverantwortlichen. Der Wunsch des Architekten Mario Botta ist es, dass die Besucherinnen und Besucher des Centre durch den Kontakt mit der Literatur Dürrenmatts einen «Antikörper gegen die Banalisierung der modernen Welt» vorfinden mögen.

Abriss des Projekts

Es folgt ein kurzer Überblick über die wichtigsten Ereignisse des Projektverlaufs:
– Auftrag an das damalige AFB zur Verwirklichung der Projektphasen: 11.02.97
– Unterbreitung des Dossiers an den Bundesrat: 13.08.97
– Pressekonferenz des Schweizerischen Literaturarchivs: 03.09.97
– Erteilung der vorläufigen Bewilligung: 26.09.97
– Eröffnung der Baustelle: 01.04.98
– Erteilung der Baubewilligung: 05.05.98
– Besuch der parlamentarischen Kommission des Nationalrates: 07.05.98
– Unterzeichnung der Schenkung: 26.10.98
– Besuch der parlamentarischen Kommission des Ständerates: 23.11.98
– Umsetzung der Regierungsreform, Einsetzung des BBL: 01.01.99
– Besuch von Bundesrat Kaspar Villiger: 29.06.99
– Aufrichte: 02.07.99
– Bekanntgabe der Leiterin des Centre, Janine Perret Sgualdo, in der Westschweizer Presse: 02.02.00
– Einweihung und Eröffnung des Centre Dürrenmatt: Herbst 2000

Laurent Gioria ist Leiter des Bauprojektes. Er arbeitet als Architekt beim Bundesamt für Bauten und Logistik in Lausanne.

(Übersetzung: Heidi Temnewo-Mori)

Le Centre Dürrenmatt – Mission spéciale

Laurent Gioria

En février 1997, l'ex-Office des constructions fédérales (devenu entre-temps l'Office fédéral des constructions et de la logistique), a reçu une mission inhabituelle : celle de réaliser le Centre Dürrenmatt à Neuchâtel.

Ce projet était déjà à l'étude depuis plusieurs années. En effet, l'architecte Mario Botta, pour répondre à la demande de Madame Kerr Dürrenmatt, avait élaboré plusieurs variantes du futur centre sur le terrain que cette dernière allait léguer à la Confédération.

Friedrich Dürrenmatt et Mario Botta… D'emblée, ce projet a été l'objet d'une attention soutenue, car il devait concrétiser l'œuvre de deux créateurs suisses de grande renommée et de culture différente : le second chargé de construire un bâtiment consacré à l'œuvre du premier

La réalisation du projet allait être à l'image de la particularité du mandat. Habituellement, les services de construction de la Confédération gèrent et réalisent des projets qui répondent aux besoins et à la demande des différents organes de la Confédération. Dans le cas du Centre Dürrenmatt, c'est à une initiative privée que l'ont doit l'idée du Centre et le choix de son architecte.

Ensuite seulement, le projet a été remis au Service des immeubles de l'époque, rattaché au DFF, pour la résolution des nombreuses et épineuses questions juridiques, avant d'être confié à l'ex-Office des constructions fédérales.

Face au défi à relever, ces services ont dû alors faire preuve d'imagination et de souplesse. L'image ancrée d'une administration figée et sclérosée a bel et bien été bousculée!

Le premier pas à franchir a été de compléter le projet en vue d'obtenir l'autorisation de construire et de l'adapter au cahier des charges de l'utilisateur : les Archives littéraires suisses.

Réforme du gouvernement… mais continuité

En janvier 1999, la Réforme du gouvernement et de l'administration (RGA) a modifié les structures du domaine de la construction de la Confédération. Toutefois, le groupe chargé de la gestion du projet a pu heureusement poursuivre sa mission au sein du nouvel Office fédéral des constructions et de la logistique (OFCL). Son premier souci fut d'assurer la continuité du projet dans le nouveau contexte organisationnel. Et les résultats ont été à la hauteur des attentes : le projet a pu être mené à bien grâce aux ressources qui lui ont été consacrées et à l'enthousiasme qu'il a soulevé.

Contraintes et créativité

Le représentant du maître de l'ouvrage – en l'occurrence l'OFCL – a pour rôle de créer les conditions permettant de concrétiser le projet de façon optimale.

L'OFCL, organe prestataire de services, doit garantir la qualité architecturale et constructive de l'objet et faire respecter les délais, les coûts, les standards définis et les besoins des utilisateurs.

Il prend les mesures destinées à sauvegarder les intérêts de la Confédération en tant que propriétaire de l'ouvrage.

Il doit s'assurer que les exigences formulées dans le cahier des charges sont satisfaites.

Ces contraintes ne doivent en aucun cas restreindre la créativité et la recherche de solutions architecturales et constructives de haut niveau.

L'originalité du projet « Centre Dürrenmatt » et l'intérêt qu'il suscite, à peine terminé, tant dans les milieux culturels, politiques et spécialisés que dans la presse, témoignent que ce difficile exercice est réussi et que les objectifs fixés sont atteints.

Sa mission aujourd'hui terminée, L'OFCL confie le Centre Dürrenmatt aux responsables chargés de son exploitation.

Il leur incombe désormais de faire en sorte que les visiteuses et visiteurs du Centre puissent trouver à la lecture des livres de Dürrenmatt, selon les vœux de Mario Botta, « un anticorps à la banalisation du monde moderne ».

Historique du projet

Événements importants qui ont ponctué le déroulement du projet :
– Mission attribuée à l'ex-OCF pour les phases de réalisation du projet : 11.02.97
– Présentation du dossier au Conseil fédéral : 13.08.97
– Conférence de presse des Archives littéraires suisses : 03.09.97
– Obtention de l'autorisation préalable : 26.09.97
– Ouverture du chantier : 01.04.98
– Obtention du permis de construire : 05.05.98
– Visite de la Commission parlementaire du Conseil national : 07.05.98
– Signature de l'acte de donation : 26.10.98
– Visite de la Commission parlementaire du Conseil des Etats : 23.11.98
– Mise en application de la Réforme du gouvernement et entrée en fonction de l'OFCL : 01.01.99
– Visite du conseiller fédéral K. Villiger : 29.06.99
– Fête marquant la fin des travaux du gros œuvre : 02.07.99
– Annonce dans la presse romande de la nomination de la Directrice du Centre, Madame Janine Perret Sgualdo : 02.02.00
– Inauguration et ouverture du Centre : 23.09.00

Laurent Gioria est architecte à l'Office fédéral des constructions et de la logistique, gestion de projets Suisse romande, Lausanne, a dirigé l'opération du Centre Dürrenmatt.

WOOD Welche Erkenntnis habt ihr bekommen?
BONSTETTEN Der Mensch ist etwas Kostbares und sein Leben eine Gnade.
WOOD Lächerlich. Diese Erkenntnis haben wir auf der Erde schon lange.
BONSTETTEN Nun? Lebt ihr nach dieser Erkenntnis?
Schweigen
WOOD Und ihr?
BONSTETTEN Die Venus zwingt uns, nach unseren Erkenntnis zu leben. Das ist der Unterschied. Wenn wir hier einander nicht helfen, gehen wir zugrunde.

Das Unternehmen der Wega
Friedrich Dürrenmatt

Das Kulturprozent der Migros wurde aus der Erkenntnis heraus geschaffen, dass «wachsender eigener materieller Macht stets noch grössere soziale und kulturelle Leistungen zur Seite stehen müssen» (Gottlieb Duttweiler); Das Kulturprozent nimmt diese gesellschaftliche Verantwortung wahr.

Das Kulturprozent fördert die Entwicklung und Verbreitung kultureller und sozialer Werte und das seit fast 40 Jahren.

Die Literaturförderung des Kulturprozentes unterstützt gesamtschweizerische wichtige Projekte, die zur Förderung und Verbreitung des literarischen und publizistischen Schaffens beitragen.

WOOD Quelle constatation avez-vous faite ?
BONSTETTEN L'être humain est précieux et sa vie est un don.
WOOD Ridicule. Cette constatation n'a rien de nouveau.
BONSTETTEN Ah bon ? Dans votre vie, vous vous inspirez de cette constatation ?
Silence
WOOD Et vous ?
BONSTETTEN Vénus nous oblige à vivre selon nos constatations.
Là est la différence.
Si nous ne nous entraidons pas, nous sommes fichus.

Das Unternehmen der Wega
Friedrich Dürrenmatt

Le pour-cent culturel de Migros est le fruit d'une constatation selon laquelle « la croissance de la puissance matérielle doit toujours s'accompagner d'un accroissement encore plus grand des prestations sociales et culturelles » (Gottlieb Duttweiler) ; le pour-cent culturel assume cette responsabilité sociale.

Le pour-cent culturel encourage le développement et la diffusion de valeurs culturelles et sociales depuis une quarantaine d'années.

La promotion littéraire du pour-cent culturel soutient d'importants projets d'envergure nationale visant à encourager et à diffuser la création littéraire et journalistique.

Der Stiftungsrat der Zuger Kulturstiftung Landis & Gyr freut sich über die Eröffnung des Centre Dürrenmatt Neuchâtel und wünscht dieser neuen Institution Erfolg im Dienste der Literatur.

Die Literaturförderung ist auch ein Anliegen der Zuger Kulturstiftung Landis & Gyr. Im Rahmen ihrer Künstlerförderungsprogramme ermöglicht die Stiftung Schriftstellern, Literatur-, Theater-, Film- oder Musikkritikern, Bildenden Künstlern, Photographen und Komponisten (beider Geschlechter) sechs- oder zwölfmonatige Arbeits- und Studienaufenhalte in Wohnungen der Stiftung in London, Berlin, Budapest, Bukarest und Zug.

Neben dem mit Fr. 100'000 dotierten interkulturellen Förderungspreis vergibt die Stiftung ihren Zurlaubenpreis in gleicher Höhe. Letzterer dient der Leseförderung und wurde bisher an den Ammann-Verlag, die Literaturredaktion von DRS2 und den Bibliobus der Université populaire jurassienne vergeben.

Wichtig ist der Stiftung zudem der Kultur- und Wissenschaftsaustausch innerhalb der Schweiz, insbesondere aber mit Ländern Mittel- und Osteuropas. Als Mitbegründerin und Förderin der beiden Institutes for Advanced Study, Collegium Budapest und New Europe College Bukarest, will die Stiftung das Zusammenwachsen Europas fördern und der Abwanderung wissenschaftlichen Potentials aus den Ländern Mittel- und Osteuropas entgegenwirken.

Le conseil de fondation de la Fondation culturelle zougoise Landis & Gyr salue l'ouverture du Centre Dürrenmatt Neuchâtel et souhaite à cette nouvelle institution au service de la littérature un avenir prospère.

La Fondation Landis & Gyr œuvre elle aussi en faveur de la littérature. Grâce à ses programmes d'encouragement des artistes, elle peut offrir à des écrivains, à des artistes, à des photographes, à des compositeurs et à des critiques littéraires, de théâtre, de film ou de musique - hommes et femmes - des séjours de six ou douze mois dans un appartement de la Fondation à Londres, Berlin, Budapest, Bucarest ou Zoug pour y travailler et y étudier.

La Fondation décerne également deux prix dotés de 100 000 francs chacun : le « interkultureller Förderpreis » et le prix « Zurlauben », qui a déjà été décerné aux éditions Ammann, à la rédaction littéraire de DRS2 et au Bibliobus de l'Université populaire jurassienne pour leur action en faveur de la lecture.

La Fondation Landis & Gyr attache enfin une grande importance aux échanges culturels et scientifiques au plan national et avec des pays d'Europe centrale et orientale. En tant que cofondatrice du Collegium Budapest et du New Europe College Bucarest, deux institutions d'études supérieures qu'elle soutient, elle entend promouvoir le rapprochement et la cohésion en Europe et endiguer la fuite de cerveaux des pays d'Europe centrale et orientale.

Die Jubiläumsstiftung der CREDIT SUISSE GROUP

freut sich über
die erfolgreiche Realisierung des

interdisziplinären Kulturzentrums
«Centre Dürrenmatt»

Die Jubiläumsstiftung der CREDIT SUISSE GROUP wurde 1981 aus Anlass des 125-jährigen Bestehens der Schweizerischen Kreditanstalt gegründet und schloss sich 1998 mit der Jubiläumsstiftung der Schweizerischen Volksbank zusammen.

Gemäss ihren Statuten nimmt die Jubiläumsstiftung der CREDIT SUISSE GROUP – in Ergänzung zu den Aufgaben des Staates – durch die Förderung der sozialen Wohlfahrt, der Kultur sowie der Wissenschaft gesellschaftspolitische Verantwortung wahr. Die Stiftung unterstützt insbesondere kulturübergreifende Projekte, die sich durch ihre Kreativität und transdisziplinäre Konzeption als besonders innovativ und zukunftsweisend zeigen.

Aus jährlich gegen tausend Gesuchen wählt die Stiftung einzelne hervorragende Projekte aus. Durch die Sprechung von Schwerpunktbeiträgen wird einer Vergabungspraxis nach dem Giesskannenprinzip vorgebeugt.

Dank namhaften Beiträgen der Jubiläumsstiftung der CREDIT SUISSE GROUP konnten unter anderen die folgenden Projekte initiiert oder realisiert werden:

– Der CREDIT SUISSE GROUP Young Artist Award stellt hochbegabten jungen Solistinnen und Solisten, die sich durch ihren Ausbildungsstand und einen entsprechenden Leistungsausweis für eine bedeutende internationale Karriere qualifiziert haben, Mittel und Auftrittsmöglichkeiten für den entscheidenden Durchbruch zur Verfügung, so etwa für einen Auftritt im Rahmen der Internationalen Musikfestwochen in Luzern.
– An den VI. Ski-Weltmeisterschaften für Behinderte 2000 in Anzère/Crans-Montana massen sich über 300 Behinderte aus 23 Ländern im sportlichen Vergleich. Dieser Anlass mit grosser Breitenwirkung ermöglichte zahlreichen jungen Menschen kultur- und länderübergreifende Begegnungen.
– Am 2. Oktober 1999 konnte das Internationale Rotkreuz- und Rothalbmondmuseum den neuen Ausstellungsraum Espace 11 – Aujourd'hui / Raum 11 – Heute eröffnen, welcher der aktuellen Tätigkeit der Internationalen Rotkreuz- und Rothalbmondbewegung gewidmet ist und im Zeichen der Hoffnung und des Nachdenkens steht.
– Eines der weltweit wichtigsten Museen zur Glasmalerei, das Schweizerische Glasmuseum in Romont (FR), konnte eine bedeutende Sammlung von Instrumenten der Glasmalereikunst erwerben und diese der Öffentlichkeit zugänglich machen.
– Das Schweizerische Institut für Kunstwissenschaft gab im Herbst 1998 das «Biographische Lexikon der Schweizer Kunst» heraus, ein bezüglich Ausführlichkeit und Vollständigkeit einzigartiges Standardwerk zur Kunstgeschichte der Schweiz.

Jubiläumsstiftung der CREDIT SUISSE GROUP,
c/o Ressort GHF, Postfach 1, CH-8070 Zürich

La Fondation du Jubilé du CREDIT SUISSE GROUP

se réjouit de la création

du centre culturel interdisciplinaire
«Centre Dürrenmatt»

La Fondation du Jubilé du CREDIT SUISSE GROUP a été créée en 1981 à l'occasion du 125e anniversaire du Crédit Suisse. En 1998, elle a fusionné avec la Fondation du Centenaire de la Banque Populaire Suisse.

Conformément à ses statuts, la Fondation du Jubilé du CREDIT SUISSE GROUP assume – en complément des tâches de l'Etat – une responsabilité sociale en s'engageant en faveur du bien-être social et en promouvant la culture et la science. La Fondation soutient en particulier les projets pluriculturels novateurs et avantgardistes de jeunes talents qui se distinguent par leur créativité et une approche transdisciplinaire.

Sur le millier de demandes qu'elle reçoit chaque année, la Fondation sélectionne plusieurs projets sortant du lot. En fixant des priorités, elle évite de répartir son aide selon le principe de l'arrosoir.

Voici quelques exemples de projets ayant pu être initiés ou réalisés grâce à une contribution substantielle de la Fondation du Jubilé du CREDIT SUISSE GROUP :

– Le CREDIT SUISSE GROUP Young Artist Award veut faire connaître de jeunes solistes très doués que leur niveau de formation et leurs performances destinent à une grande carrière internationale, en leur offrant des moyens financiers et des possibilités de jouer en public, notamment dans le cadre du Festival international de Musique à Lucerne.
– Lors des VIe Championnats du monde de ski sport-handicap 2000 à Anzère/Crans-Montana, plus de 300 handicapés originaires de 23 pays différents ont pu mesurer leurs performances sportives. Un large écho a été donné à cet événement, qui a permis à des jeunes de pays et de cultures différentes de se rencontrer.
– Le 2 octobre 1999, le Musée international de la Croix-Rouge et du Croissant-Rouge a inauguré un nouvel espace d'exposition, intitulé «Espace 11 – Aujourd'hui», qui est consacré aux activités internationales de la Croix-Rouge et du Croissant-Rouge et placé sous le signe de l'espoir et de la réflexion.
– Le Musée Suisse du Vitrail à Romont (FR), l'un des plus importants musées du monde consacrés à cet art, a pu acquérir une importante collection d'instruments utilisés par les peintres-verriers pour la présenter au public.
– L'Institut suisse pour l'étude de l'art a édité en automne 1998 le «Dictionnaire biographique de l'art suisse», un ouvrage très complet regorgeant de détails sur l'histoire de l'art en Suisse.

Fondation du Jubilé du CREDIT SUISSE GROUP,
c/o division GHF, Case postale 1, CH-8070 Zurich

teo jakob

«Das Bühnenbild ist nicht eine Dekoration, sondern ein Teil der Interpretation: ein falscher Schnörkel, und alles gleitet ins Ästhetische oder Kabarettistische ab, ein falsches Kleidungsstück, und die Akzente haben sich verschoben. Im Bühnenbild muss die Dichtung ebenso Gestalt werden wie durch die Schauspieler.»

Friedrich Dürrenmatt

Teo Jakob richtet das Centre Dürrenmatt Neuchâtel von Mario Botta ein und ist damit Teil der Interpretation.

teo jakob
Planung und Innenarchitektur

Bern
Genève

«Loin d'être une simple décoration, le décor de scène est un élément de l'interprétation : une malencontreuse fioriture et l'on tombe dans l'esthétique ou dans un spectacle de cabaret ; un costume inapproprié et l'on change de registre. La poésie du texte prend corps autant grâce aux comédiens que grâce au décor.»

Friedrich Dürrenmatt

L'aménagement du Centre Dürrenmatt Neuchâtel de Mario Botta est signé Teo Jakob. L'entreprise participe ainsi à l'interprétation du lieu.

teo jakob
Planification et aménagement d'intérieur

Berne
Genève

Weitere Bücher über Mario Botta

Mario Botta – Das Gesamtwerk / Complete Works
in 3 Bänden / in 3 volumes
Emilio Pizzi (Hrsg.)

Band / vol. 1: 1960–1985
ISBN 3-7643-5522-0 (deutsch)
ISBN 3-7643-5530-1 (englisch)

Band / vol. 2: 1985–1990
ISBN 3-7643-5537-9 (deutsch)
ISBN 3-7643-5538-7 (englisch)

Band / vol. 3: 1990–1997
ISBN 3-7643-5540-9 (deutsch)
ISBN 3-7643-5541-7 (englisch)

Mario Botta Studiopaperback
Emilio Pizzi
ISBN 3-7643-5438-0 (deutsch / französisch)

Mario Botta
Ethik des Bauens / The Ethics of Building
ISBN 3-7643-5742-8 (deutsch / englisch)

Für unseren kostenlosen Katalog wenden Sie sich bitte an:

Birkhäuser – Verlag für Architektur
Postfach 133, CH-4010 Basel, Schweiz
Tel. ++41 (0)61 205 07 07; Fax ++41 (0)61 205 07 92
e-mail: sales@ birkhauser.ch
http://www.birkhauser.ch